AF366560

Marin Mersenne
de L'ordre des pères Minimes

LES CORRESPONDANTS DE PEIRESC

XIX

LE PÈRE MARIN MERSENNE

LETTRES INÉDITES

Extrait à 120 exemplaires

DE LA REVUE HISTORIQUE ET ARCHÉOLOGIQUE DU MAINE.

MAMERS. — TYP. G. FLEURY ET A. DANGIN. — 1892.

XIX

LE PÈRE MARIN MERSENNE

LETTRES INÉDITES

ÉCRITES DE PARIS A PEIRESC

(1633 - 1637)

PUBLIÉES ET ANNOTÉES

PAR

Philippe Tamizey de Larroque

ET PRÉCÉDÉES

DE LA VIE DE L'AUTEUR

PAR

Le Père Hilarion de Coste

PARIS

ALPHONSE PICARD

Rue Bonaparte, 82.

1892

VIE ET LETTRES INÉDITES

DU

PÈRE MERSENNE

AVERTISSEMENT

De tous les correspondants de Peiresc, le Père Marin Mersenne est un des plus célèbres ; soit par ses travaux personnels, soit encore plus par son influence sur les travaux de ses contemporains, il occupe un rang élevé dans l'histoire des sciences, comme dans l'histoire de la philosophie. A la fois géomètre, physicien, penseur, critique, surtout grand remueur d'idées, homme d'ardente et féconde initiative, actif correspondant d'illustres chercheurs, pour lesquels il fut ce qu'est pour le fer la pierre à aiguiser et ce qu'était alors pour le feu l'étincelle qui jaillissait du briquet (1), il mérite à divers égards l'attention de la postérité.

On s'est déjà beaucoup occupé de lui. Sa biographie et sa bibliographie sont parfaitement connues, surtout depuis que M. B. Hauréau a consacré une si ample et si excellente notice à l'ami de Descartes et de Gassendi dans l'*Histoire*

(1) Blaise Pascal l'a remarqué le premier dans l'*Histoire de la Roulette* (écrite en 1658) : « Il avoit un talent particulier pour former de belles questions. Il a donné ainsi l'occasion de plusieurs belles découvertes, qui peut-être n'auroient jamais été faites, s'il n'y eût excité les savants. »

littéraire du Maine (1). Ne voulant pas essayer de refaire la
notice d'un tel maître, — ce qui serait aussi inutile pour les
autres que dangereux pour moi — je me suis décidé à
reproduire, à la suite de ce bref *Avertissement*, le récit de
la vie de Mersenne composé par son confrère Hilarion de
Coste, récit qui est excessivement rare et excessivement
curieux. Puisse-t-on me savoir quelque gré de donner une
nouvelle édition, largement annotée — (ne faut-il pas pro-
portionner l'abondance du commentaire à la plantureuse
richesse des détails fournis par le biographe?) — d'un
savoureux morceau qui n'a pas été réimprimé depuis bientôt
deux siècles et demi (exactement 243 ans), et que n'ont pu
se procurer, ni dans les ventes, ni dans bon nombre de
grandes bibliothèques, plusieurs de ceux qui avaient appétit
de cette friandise !

En rapprochant le naïf livret du P. Hilarion de Coste, des
substantielles pages de M. Hauréau, on saura presque tout
sur la vie et les œuvres de Mersenne. Je dis presque tout,
car les lettres de ce religieux à Peiresc achèveront de le faire
connaître, nulle biographie ne pouvant, quelque fidèle et
minutieuse qu'elle soit, nous offrir d'un homme une image
aussi ressemblante que le miroir de sa correspondance.
Malgré de longues recherches, j'ai seulement retrouvé un
peu plus d'une vingtaine de lettres adressées par Mersenne
à Peiresc pendant les dernières années de la vie de ce
grand homme (2). Il doit en exister beaucoup plus,
car la correspondance entre le religieux et le magistrat fut

(1) Nouvelle édition, tome VIII, Paris, 1876, p. 112-179. Déjà M. Hauréau
avait donné un très bon article sur Mersenne à la *Nouvelle Biographie
générale* (tome XXXV, 1861, col. 118-124). J'aurai l'occasion de citer plus
loin divers biographes et bibliographes qui ont devancé le savant académicien, notamment l'auteur du *Manuel du Libraire*, Niceron, Charles
Perrault, etc.

(2) Peiresc parle souvent de son correspondant Mersenne dans ses
lettres aux frères Dupuy. Voir (passim) les trois premiers tomes et surtout
le tome III qui vient de paraître (mai 1892) et où l'on trouvera facilement,
à l'aide de la *Table alphabétique*, les passages relatifs au docte minime.

très active de 1633 à 1637. Espérons que de futurs *Mersennistes* seront plus heureux que moi et donneront à ma publication d'aujourd'hui un supplément qui la dépassera de beaucoup, comme on a vu des faubourgs devenir plus considérables que les villes mêmes auxquelles ils avaient été d'abord annexés (1).

Philippe TAMIZEY DE LARROQUE.

(1) Mon confrère et ami M. Emile Du Boys, bienfaiteur de ce fascicule comme il l'avait été du fascicule contenant les lettres de François Luillier, a daigné revoir et corriger avec le soin extrême qu'il met en toutes choses, une copie très imparfaite des lettres que l'on va lire. Ce qui double le mérite de son obligeance, comme l'étendue de ma gratitude, c'est l'illisibilité de l'écriture de Mersenne ; il faut, pour la déchiffrer, autant de courage que de sagacité.

LA VIE

DU R.P.

MARIN MERSENNE

THEOLOGIEN,

PHILOSOPHE ET MATHEMATICIEN

de l'Ordre des Pères Minimes

par F. H. D. C. Religieux du mesme
Ordre.

A PARIS

Chez { SÉBASTIEN CRAMOISY, imprimeur ordin. du Roy et de la Reyne Regente, ET GABRIEL CRAMOISY } rüe S. Jacques aux Ci-cognes.

M. DC. XLIX.

AVEC APPROBATION

A TRES-HAUT, TRES-ILLUSTRE
ET TRES-GENEREUX PRINCE
MONSEIGNEUR

LOUIS
DE VALOIS,

Comte d'Alais,

COLONEL GENERAL
DE LA CAVALERIE LEGERE DE FRAN-
CE, ET GOUVERNEUR POUR LE ROY
EN SES PAÏS ET ARMÉES DE PROVENCE, ETC. (1)

MONSEIGNEUR,

J'ay cru que je ne pouvois mieux adresser cet Abregé de la Vie du R. P. Mersenne Religieux de nostre Ordre, qu'à un Prince qni aime les Sciences, et qui protège les Sçavans (2). C'est ce que vous faites, Monseigneur, à l'exemple des Rois vos Ancestres qui ont esté à bon droict appellez les Peres et les Genies des bonnes lettres, à cause que le restablissement des Sciences et des Arts a esté un effet de leur vertu et de leur librealité. Le Reverend Pere Mersenne,

(1) Louis-Emmanuel de Valois, duc d'Angoulême, né à Clermont-Ferrand en 1596, était fils de Charles de Valois, comte d'Auvergne, puis duc d'Angoulême ; il était, par conséquent, petit-fils de Charles IX et de Marie Touchet ; il fut évêque d'Agde de 1612 à 1622 et devint gouverneur de Provence le 28 octobre 1637 ; il mourut à Paris le 13 novembre 1653.

(2) Parmi les savants que Louis de Valois protégea le plus, il faut citer en première ligne Pierre Gassendi qui, dans sa correspondance et dans ses livres, a prodigué les témoignages de sa reconnaissance à un aussi généreux bienfaiteur. L'éminent philosophe écrivit au gouverneur de Provence, au sujet de la mort de Mersenne, une lettre touchante qui fait également honneur aux trois amis *(Œuvres complètes,* tome VI, in-f° p. 291.).

(dont le nom ne perira jamais parmy les Pieux et les Sca-
vans) a rendu publiquement ce temoignage en vous dediant
quatre de ses livres, son Harmonie universelle (1), *ses Obser-*
vations physico-mathematiques (2), l'Abregé de la Geometrie
universelle (3), et le dernier de l'Optique (4). C'est pourquoy,
Monseigneur, j'ay cru estre obligé de vous presenter sa Vie,
qu'il vous a pour ainsi dire dediée luy mesme ; m'imagi-
nant que s'il pouvoit ressentir quelque autre chose que la
beatitude dont il joüit, il se rejouiroit dans le Ciel, d'aller
aujourd'huy dans le monde sous les auspices de vostre nom.
Je supplie donc V. A. de vouloir regarder favorablement
cet écrit, où je fais l'Eloge de ce grand homme, d'excuser la
foiblesse de mon style par la consideration de mon zele, et
d'avoir agreable la hardiesse que je prens en vous presen-
tant ce petit ouvrage, de me dire,

Monseigneur,

Vostre tres-humble, et tres-obeissant serviteur

F. HILARION DE COSTE.

du Convent des Minimes de Paris près de
la Place Royale ce premier jour d'octobre
1648 feste de Saint Remy, S. Apostre des
François (5).

(1) *Harmonie universelle.* (Paris, 1636-37, 2 tomes in-f°.)
(2) *Cogitata physico mathematica.* (Paris, 1644-1647, 3 vol. in-4°.)
(3) *Universæ geometriæ synopsis.* (Paris, 1644, in-4°.)
(4) Tous les livres de l'*Optique*, au nombre de sept, sont réunis dans le volume in-4° qui vient d'être cité et qui contient, outre l'abrégé de la géométrie, divers autres ouvrages de mathématiques.
(5) Suivent trois petites pièces : la citation du célèbre passage de Tacite *(Vie d'Agricola) :* « *Clarorum virorum facta moresque posteris tradere* etc. jusqu'à: *facillime gignuntur*, avec traduction; la *licence du R. P. General*, datée de Naples le 5 janvier 1647 ; enfin cet *Advis* : « Cet Eloge ou Abregé de la Vie du feu R. P. Mersenne a esté fait par l'Autheur en faveur de plusieurs de ses amis, et pour servir de memoire à ceux qui veulent écrire plus amplement Sa Vie en diverses langues ».

LA VIE

DU R. P. MARIN MERSENNE

THEOLOGIEN, PHILOSOPHE ET MATHEMATICIEN

DE L'ORDRE DES PÈRES MINIMES

Il ne faut pas estre du monde pour ignorer, que le païs du Mayne a tousjours produit de grands hommes, que la science et le courage ont rendus recommandables (1). Les cardinaux de la Forest (2),

(1) En ce qui regarde les auteurs et en faisant la part de l'exagération dans l'expression *grands hommes*, l'assertion du biographe est admirablement justifiée par les dix volumes de l'*Histoire littéraire du Maine* (Paris, 1870-1877). Disons, à ce propos, combien il serait désirable qu'un semblable recueil fut consacré à chacune de nos anciennes divisions territoriales. L'Académie des Inscriptions et Belles-Lettres demande que l'on présente à ses concours des histoires provinciales sur le modèle de l'*Histoire générale de Languedoc*. Pourquoi la savante compagnie ne demande-t-elle pas de même à de vaillants érudits, pour chacune de nos provinces, un travail aussi complet que celui de M. Hauréau ? Je reviens à l'éloge de l'heureuse fécondité littéraire de la province natale du P. Mersenne pour rappeler, *doctus cum libro supradicto* (t. IV, p. 221), que Ciaconius (*Vitæ et res gestæ pontif.* t. II, col. 207) déclare que le Maine est un pays fertile en esprits déliés, ce que les auteurs du *Gallia Christiana* ont répété (t. I. col. 326) en changeant *esprits déliés* en *esprits supérieurs*.

(2) Pierre de la Forest, né à la Suze (Sarthe) vers 1305, fut tour à tour avocat-général au parlement de Paris, chancelier de Jean, duc de Normandie, évêque de Tournai, chancelier de France, évêque de Paris, archevêque de Rouen, etc. Il reçut la pourpre romaine en 1356, présida les États-généraux en cette même année, et mourut, en juin 1361, à Villeneuve-lez-Avignon (Gard).

Philastre (1), du Bellay (2), Cointereau ou Cointerel (3),
Messieurs Guillaume seigneur de Langeay, et Martin
Prince d'Yvetot de la maison du Bellay (4), Monsieur
de S. François, Maistre des Requestes, depuis Évêque de

(1) Guillaume Fillastre, né en 1347 ou 1348, fut doyen de Reims (1392),
cardinal (1411), abbé de Saint-Pierre d'Hautvillers (1413), ambassadeur
auprès de Jean XXIII (1415), archevêque d'Aix (1420), évêque de Saint-
Pons (1422), légat du Pape à la cour de France, etc. Il mourut à Rome le
6 novembre 1428, âgé de 80 ans, comme l'indique son épitaphe dans
l'église de Saint-Chrysogone. Suivant M. C. Port (*Dictionnaire historique,
géographique et biographique de Maine-et-Loire*, tome II, 1876, p. 151),
il serait né à Huillé, en Anjou. Mais M. Hauréau, qui a soigneusement
discuté cette question (t. IV, p. 220-221), objecte que tous les documents
anciens le disent manceau et que l'assertion de Claude Ménard a contre
elle tous les témoignages (moins celui de Ménage, lequel n'a fait que
reproduire ce que Ménard avait avancé). M. Lud. Lalanne, en son *Dictionnaire historique de la France*, n'a heurté ni l'une ni l'autre des opinions
soutenues par les deux académiciens, et a choisi un terrain de conciliation,
disant que Fillastre naquit « dans le Maine ou dans l'Anjou ». M. R.
Thomassy a publié, en 1842, une notice sur *Guillaume Fillastre considéré
comme géographe*.

(2) Jean du Bellay, né vers 1492, au château de Glatigny, fut évêque de
Bayonne (1526), ambassadeur en Angleterre (1527 et suiv.), évêque de
Paris (1532), cardinal (1534), évêque de Limoges (1541), administrateur du
diocèse de Bordeaux (1544), évêque du Mans (1546), évêque d'Ostie, doyen
des cardinaux, etc ; il mourut à Rome le 16 février 1560. Voir *Hist. litt.
du Maine*, t. IV, p. 106-156.

(3) Matthieu Cointerel, né en 1519, alla tout jeune à Rome, y devint
secrétaire des brefs, dataire, puis cardinal (1583) ; il mourut à Rome le
28 novembre 1585 et fut enterré dans la chapelle qu'il avait fait bâtir en
l'église de Saint-Louis. Le *Dictionnaire de Moréri* le fait naître d'un
maréchal-ferrant à Morannes, en Anjou, et reproche au Père Raimond,
jésuite, qui a fait son oraison funèbre [publiée en 1586 et, de nouveau,
en 1613] d'avoir eu le tort de le dire Manceau. Voir aussi le *Dictionnaire*
déjà cité de M. C. Port, t. I, p. 125.

(4) Les deux frères du cardinal Jean du Bellay, Guillaume, l'aîné, trois
fois illustre comme diplomate, comme guerrier et comme historien, vice-
roi de Piémont (de 1537 jusqu'à sa mort, 9 janvier 1543), et Martin, le
troisième fils de Louis du Bellay, seigneur de Langey, lequel Martin
mourut au château de Glatigny en 1559, laissant des *Mémoires* non moins
estimés que ceux de son frère. Il était devenu prince d'Yvetot par son
mariage avec Élisabeth Chenu. Voir sur les deux frères le recueil déjà
souvent cité et que je citerai souvent encore de M. Hauréau, t. IV, p. 44-
106 et p. 157-164.

— 15 —

Bayeux (1), Geofroy Boussard, Chancelier de l'Université de Paris (2), Pierre de Ronsard (3), Jean et
Jacques Pelletier (4), Pierre Belon (5), Robert Garnier (6),

(1) Bernardin de Saint-François, né au manoir du Ronceray en 1529, fut
nommé conseiller au parlement de Paris (1555), doyen de l'église du
Mans (1559), occupa le siège de Bayeux de 1573 à 1582, étant mort en son
prieuré de Berlay le 14 juillet de cette dernière année. Voir Hauréau,
t. X, p. 1-4. Quelques sonnets du prélat — *delicta juventutis suæ* — ont
été insérés dans les *Amours de Francine* de son ami Jean Antoine de Baïf.

(2) Geoffroy-Boussard, né au Mans en 1449, et non, comme on l'a tant
dit, en 1439, mourut dans la même ville en mai 1524, et non 1522, comme
on l'a encore beaucoup trop répété. Voir sur la vie et les ouvrages de ce
chanoine du Mans l'*Histoire littéraire du Maine*, t. II, p. 193-219.

(3) Je ne dirai rien du plus grand poète du XVIe siècle, sinon pour
constater que le Père H. de Coste avait jusqu'à un certain point raison de
le rattacher à la province du Maine, puisqu'il était né au château de la
Possonnière, ou selon une forme moderne, de la Poissonnière, auprès de
Montoire qui relevait du Mans pour le spirituel et de Blois pour le tem-
porel. M. Hauréau, considérant que si Ronsard est manceau au point de
vue de la circonscription ecclésiastique, il est vendômois au point de vue
de la circonscription civile, a gardé, en quelque sorte, la neutralité,
n'osant pas introduire dans son recueil l'auteur de la *Franciade*. Un personnage incontestablement manceau, c'est un parent et homonyme de
celui qui fut un des rois de la poésie, Nicolas de Ronsard, sieur de Roche,
dont les vers restèrent probablement inédits, ce qui n'est sans doute pas
un très grand malheur.

(4) Jean et Jacques Peletier étaient fils de Pierre Peletier, syndic de la
ville du Mans. Le premier fut un renommé théologien qui représenta
l'Université de Paris au Concile de Trente. Il fut curé de Saint-Jacques-
la-Boucherie, doyen de la faculté de théologie ; il mourut le 28 septembre 1583, et fut enseveli dans l'église du collège de Navarre. Jacques fut,
comme s'exprime M. Hauréau (tome IX, p. 35), « le plus célèbre des
grammairiens, des mathématiciens de son temps, et un des poètes les plus
goûtés de l'Académie fondée par la reine de Navarre. Né au Mans le 25
juillet 1517, il mourut en juillet 1582. De l'importante notice de M. Hauréau
(p. 35-63), il faut rapprocher une attachante étude de M. Max. de Clinchamp
dans le *Bulletin du Bibliophile* de l'année 1847 (p. 283-308 et 439-468).

(5) Pierre Belon naquit, comme Mersenne, dans un des hameaux les
plus humbles du Maine, le hameau de la Soultière, dépendant du bourg
d'Oizé. (Hauréau, tome II, p. 64). On ne connaît pas la date exacte de la
naissance du grand naturaliste : on suppose qu'il vint au monde en 1517.
Il mourut tragiquement en avril 1544, ayant été assassiné par une main
mystérieuse dans le bois de Boulogne. M. Hauréau a tout dit sur l'homme,
le voyageur, le savant (p, 64-81).

(6) Robert Garnier, que M. Hauréau regarde comme « une des gloires de

Félix de la Mothe le Vayer (1), Abel Foulon (2), les sieurs
Denisot (3), Germain Pilon (4), et de nos jours Monsieur
Coeffeteau, Évêque de Marseille (5), et une infinité d'autres,

la France » (t. V, p. 39), naquit vers 1539 à la Ferté-Bernard et mourut au
Mans le 15 août 1590. On s'est beaucoup occupé de lui et de ses neuf tra-
gédies en ces derniers temps, mais au milieu de tant de travaux nouveaux,
je ne voudrais pas que l'on oubliât une fine étude due à un homme de
beaucoup de goût et d'esprit, feu M. Léon de Cazenove de Pradines, le
père du glorieux mutilé de Patay (*Etude analytique sur Robert Garnier
considéré comme poète dramatique et lyrique,* Agen, 1854).

(1) Félix de La Mothe Le Vayer naquit au Mans le 22 mars 1547 et
mourut à Paris le 25 septembre 1625. Il a laissé un traité sur les ambas-
sadeurs (*Legatus, seu de legatione,* etc.), et quelques pièces inédites mentionnées par La Croix du Maine, ce qui permet de dire que son meilleur
ouvrage fut assurément son fils, l'académicien François de La Motte le
Vayer, né en 1588 à Paris. Voir Hauréau, t. VI, p. 212-215.

(2) Abel Foulon, né à Loué vers 1514, valet de chambre du roi Henri II,
fut mathématicien, ingénieur, traducteur, poète, ec. Il mourut à Orléans
en 1563, « non sans soupçon d'avoir été empoisonné pour la jalousie de
ses belles inventions ». N'a-t-on pas, ce disant, trop flatté l'inventeur ?
Voir sur Foulon, Hauréau, t. V, p. 10-14.

(3) Je n'en connais qu'un, Nicolas Denisot, à la fois peintre et poète, né
au Mans en 1515, mort à Paris en 1559. L'auteur de l'*Histoire littéraire
du Maine,* qui salue en lui « une des gloires de cette province », s'étend
beaucoup sur ses productions poétiques t. III, p. 251-282). Peut-être le
Père H. de Coste a-t-il regardé comme une illustration le père du *comte
d'Alcinoys,* Jean Denisot, quoiqu'il n'ait été que simple avocat, puis petit
magistrat, et que l'auteur de son épitaphe (en l'église de Saint-Pavin, au
Mans) n'ait pu, malgré tout son bon vouloir, le glorifier qu'en ces termes :

> ... prudent bailli d'Assé,
> Patron fameux, causidique célèbre.

(4) On ne s'explique pas pourquoi H. de Coste nomme ici l'admirable
statuaire, lequel est incontestablement parisien. Je ne vois entre le Maine
et Germain Pilon d'autre relation que celle-ci : ce fut lui qui sculpta le
mausolée de Guillaume de Langey, un des plus beaux ornements de la
cathédrale du Mans.

(5) Nicolas Coeffeteau, « un des hommes qui illustrèrent le plus les
lettres et l'église dans les premières années du XVIIe siècle », selon l'expression de M. Hauréau, (t. III, p. 68), naquit à Saint-Calais en 1574, ne
garda que deux ans l'évêché de Marseille, étant mort le 21 août 1629. Un
jeune prêtre prépare pour le doctorat ès-lettres une thèse sur l'éloquent
prélat. J'ai eu le plaisir de lui communiquer les lettres écrites à son héros
par Peiresc, et à son tour il m'a communiqué d'autres nombreux documents inédits. Rien n'est bon comme le libre échange dans la république
des lettres.

sont les illustres tesmoins qui confirmeront cette vérité.

Le R. P. Mersenne nasquit en cette mesme province dans le bourg d'Oysé (1) le huictième de septembre de l'an mil cinq cens quatre-vingts-huit ; jour célèbre en l'Église par la Nativité de la Vierge Mère de Dieu, et par la destruction de Hierusalem, qui fut prise et ruinée par l'empereur Tite fils de Vespasien, comme le Sauveur du monde l'avoit predit quarante ans auparavant : ce jour est aussi remarquable pour la naissance de plusieurs hommes illustres en pieté, en valeur, et en doctrine (2).

Il receut le mesme jour le Sacrement de Baptesme des mains du sieur Pierre Basairdy prestre, par le soin de son pere et de sa mere, Julien Mersenne et Jeanne Mouliere, personnes pieuses et honorables. Il eut pour parrains Sanson Ory et René Blanchar, et pour marraine Marie Mersenne, sa tante paternelle, et fut appelé Marin.

Si quelqu'un me blasme de remarquer ces petites particularités (3), je luy répondray, que Plutarque témoigne qu'il avoit receu quelque sorte de déplaisir d'une chose aussi legere : quand il se plaint de ceux qui n'avoient pas laissé par écrit les noms des mères de Nicias, de Demosthene, de Formion, de Trasybule, et de Theramines, renommez personnages contemporains de Socrate : et au contraire il monstre sçavoir bon gré à Platon et à Antisthene, parce que le premier avoit écrit le nom du precepteur d'Alcibiade, et l'autre,

(1) Oizé est une commune du canton de Pontvallain, arrondissement de La Flèche, à 21 kilomètres de cette dernière ville et à 26 kilom. du Mans.

(2) Je regrette que le biographe n'ait pas eu l'attention de citer les noms de tous ces personnages remarquables. Je connais quelqu'un qui, abusant du synchronisme, a formé une sorte d'*Art de vérifier les dates littéraire et bibliographique*, qui restera sans doute toujours inédit, où il a mentionné an par an et quelquefois jour par jour la naissance et le décès des principaux auteurs, sans oublier l'époque de la publication de leurs principales productions.

(3) Loin de blâmer H. de Coste, nous le féliciterons d'avoir été aussi minutieusement exact et nous rappellerons que les plus petits détails sont de mise dans la vie des grands hommes.

n'avoit pas dédaigné de nommer sa nourrice. La negligence des anciens Escrivains a esté si grande, qu'elle est cause que sept villes ont esté en dispute pour la naissance d'Homère : chacune se donnant cet honneur d'avoir esté la mère nourrice du plus excellent Poëte de la Grece ; ce qui m'a fait toujours penser, que c'est un grand defaut à ceux qui se meslent d'écrire les Vies des Hommes illustres, de laisser en arrière quelques particularitez qu'on n'eust peut-estre pas considerées dans le temps qu'ils ont vescu, mais qui seroient infailliblement estimées en un autre siècle (1).

Comme les Fonteniers (2) prennent à bon augure de voir sortir le matin des fumées de certaines terres, parceque c'est un des signes qui leur font esperer d'y trouver de bonnes sources : de mesme ceux qui ont le plus de connoissance de la nature de nos ames, se réjouissent d'y remarquer dès leur plus tendre jeunesse de violens désirs d'apprendre, et des transports pleins d'ardeur pour les sciences et pour les vertus ; parcequ'ils tirent de là des conjectures presque asseurées du merite des esprits, et de l'excellence où ils doivent un jour arriver.

Celuy dont j'écris la vie fit paroistre dès ses jeunes ans un beau naturel ; il eut une ardente inclination à la Pieté, et une noble passion d'aprendre toutes sortes de curiositez et de gentillesses : car à peine avoit-il la langue déliée, qu'il ne parloit que de bonnes choses : à peine pouvoit-il marcher, qu'il vouloit aller à l'escholle : enfin il avoit une aversion de tous les autres exercices, excepté de la priere et de l'estude (3). Ces deux emplois ne luy donnerent jamais de

(1) C'est cela même. Nous devons toujours penser à nos confrères, les curieux de l'avenir. N'est-ce pas Prosper Mérimée qui a dit qu'il aimerait mieux voir retrouver une biographie très détaillée d'Aspasie que toutes les harangues perdues de Démosthène ?

(2) Ce nom donné à celui qui recherche des sources a été souvent employé dans les traités du pittoresque écrivain qui s'appelle Bernard Palissy.

(3) C'est le cas de citer les deux mots qui servent de devise aux religieux dont la vie se partage entre Dieu et la science : *ora et labora*.

peine, et plus il avançoit en âge, plus découvroit-il de charmes dans l'étude et dans l'oraison : de sorte qu'il falloit user de contrainte quand on vouloit le retirer de ces heureuses occupations.

Ses parens, qui le virent si porté à la devotion et à l'estude, l'envoyerent au Mans, où il ne manqua pas de satisfaire aux desirs de ses Maistres, et de commencer à faire voir par les petites victoires qu'il remportoit sur ses compagnons, qu'il triompheroit quelque jour dans le bel empire des sciences.

En ce temps là le Roy Henry-le-Grand donna aux Peres Jesuites sa Royale maison de la Flesche, pour y establir un college de leur Compagnie (1). Marin Mersenne n'eut pas si tost sceu cette nouvelle, qu'il pria ses parents de l'y envoyer. Il apprit chez ces doctes hommes avec une grande facilité, non-seulement les belles-lettres, que leur douceur font nommer Humaines (2) ;mais aussi la Logique, la Physique, la Metaphysique, les Mathematiques, et quelques Traitez de Theologie, où il reüssit heureusement (3). Ce qui le fit aimer des Pères Chastelier (4), de la Tour (5), Jean Phelipeaux (6), et autres.

(1) Voir l'ouvrage considérable du R. P. Camille de Rochemonteix . *Un collège de Jésuites au XVIIe et XVIIIe siècles. Le collège Henri IV de La Flèche.* (Le Mans, 1889, 4 vol. in-8°.)

(2) Remarqne charmante dont nous tous, qui aimons tant ces nourrices sacrées, nous devons savoir gré au biographe qui aura, comme on va le voir, plus d'un de ces mots heureux.

(3) Comment le R. P. de Rochemonteix, qui a parlé avec abondance du plus brillant des anciens élèves de La Flèche, René Descartes (t. I, p. 50-82), n'a-t-il pas dit un seul mot du plus remarquable des condisciples de l'auteur de la *Méthode*, dont il resta si fidèlement le meilleur ami ?

(4) Sur le P. Jean Chastellier, poitevin d'origine, qui succéda au P. Barny, premier supérieur de l'établissement, voir le tome IV de la monographie du collège de La Flèche, p. 50.

(5) Le R. P. de Rochemonteix n'a rien dit du P. de la Tour.

(6) L'historien du collège de La Flèche rappelle (t. IV, p. 51) que le P. Jean Phélippeaux, qui devint plus tard recteur du collège de Rouen, se fit un nom comme prédicateur et comme écrivain, et composa des commen-

Après qu'il fut sorty du College de la Flesche, il vint à Paris pour continuer ses estudes dans cette fameuse Université, et entendit au Collège Royal ces trois illustres professeurs, Marius Ambosius (1), George Criton (2), et Theodore Marsile (3), et en Sorbonne (où réside la force et l'appuy de la foy) ces trois célèbres Docteurs, André du Val (4), Philippe de Gamaches (5), et Nicolas Ysan-

taires très estimés sur Osée et les douze petits prophètes. Conférez *Bibliothèque des écrivains de la Compagnie de Jésus* par les PP. de Backer et C. Sommervogel, tome II, in-f°, col. 1936.

(1) C'est Jacques Marie d'Amboise, né à Arles, professeur au collège de Sainte-Barbe, puis au collège de Lisieux, ensuite au collège d'Harcourt, enfin au collège royal (5 septembre 1576). Il fut deux fois recteur de l'Université en 1576 et en 1587 ; il mourut en novembre 1611. Voir Goujet, *Mémoire historique et littéraire sur le collège royal de France*, t. II, p. 210-222.

(2) Georges Critton naquit en Écosse vers l'an 1555. Il enseigna d'abord le droit à Toulouse (jusqu'en 1582), devint professeur au collège d'Harcourt (12 novembre 1583), puis au collège de Boncour (il y enseignait certainement en 1586), enfin professeur de grec au collège royal (1595) ; il mourut le 8 avril 1611, selon le formel témoignage de Pierre de l'Estoile (*Mémoires-Journaux*, édition Jouaust, t. XI, p. 98). Voir sur Critton le *Mémoire* de Goujet, t. I, p. 503-536. On a raconté quelque part que Critton possédait une paire d'oreilles démesurées. Me sera-t-il permis de faire observer que ce n'est pas le seul professeur qui ait eu de très longues oreilles ?

(3) Théodore Marsile fut le successeur de Jean Passerat au collège de France (1602). Il était né à Arnheim en 1548 et il mourut à Paris le 8 avril 1617. Voir le *Mémoire* de Goujet, tome II, p. 377-389.

(4) Ce théologien naquit à Pontoise, le 15 janvier 1564, fut reçu docteur en Sorbonne le 15 mars 1594, inaugura en 1596 la chaire de théologie établie par Henri IV dans l'antique maison d'enseignement, et mourut doyen de la faculté le 9 septembre 1608. Il fut un des plus ardents adversaires d'Edmond Richer et comme tel il figure dans la monographie dont ce dernier a été l'objet de la part de M. l'abbé Puyol (Paris, 1876, 2 vol. in-8°). Voir notamment la page 309 du tome I où il est appelé « le savant et vénérable André Duval, l'honneur et la lumière de la Sorbonne ».

(5) Philippe de Gamaches naquit en 1568, fut reçu docteur de Sorbonne en 1598, commença à professer dans cette maison le 16 mars de la même année, jeta du haut de sa chaire, pendant vingt-cinq ans, le grain du plus fécond enseignement et mourut le 20 juillet 1625, étant abbé de Saint-Julien de Tours. Voir dans le *Dictionnaire critique* de Bayle (édition Beuchot, t. VII, p. 13) l'eloge donné à ce commentateur de la *Somme* de

bert (1) , dont les noms seront immortels parmy les pieux et les sçavans. Il fit sous ces grands hommes son cours en Theologie , qu'il a tousjours honorée , comme la Reyne des autres Sciences, qui ne sont que ses servantes (2). Aussi a-t-il tousjours employé la meilleure partie de sa vie en ce saint exercice, n'ayant jamais laissé passer un jour sans lire la sainte Bible, et quelque Père Grec ou Latin.

Ce fut par le moyen de cette sainte occupation, et par le bon exemple des Pères Minimes du Convent du Plessis près de Tours (3) (par où il passa en venant de son païs à Paris) qu'il prit sa resolution d'entrer en cet Ordre.

Il demanda l'habit au Convent de Paris près de la Place Royale au R.-P. Olivier Chaillou, qui en estoit pour lors vicaire. Ce bon Père le fit recevoir au convent de Nostre-Dame de toutes grâces, dit Nigeon, près de Paris (4), par le R.-P. Pierre Hebert, qui estoit alors Provincial de la Pro-

saint Thomas, commentateur qui « a passé pour un des habiles théologiens du XVIIᵉ siècle ».

(1) Nicolas Isambert, natif d'Orléans, mort le 14 mai 1642, à 77 ans, docteur et professeur de Sorbonne, commenta lui aussi la *Somme* du prince des théologiens et cela en six volumes in-fᵒ, quatre de plus que n'en avait mis au jour son confrère Ph. de Gamaches. M. l'abbé Puyol, dans l'ouvrage cité plus haut, classe « Duval, Gamaches et Isambert parmi les éminents théologiens de l'époque ». (t. I, p. 293, note 1). Déjà Perrault avait dit (*Les hommes illustres qui ont paru en France*, etc, tome II, p. 53) : « les plus célèbres professeurs qu'il y eut en Sorbonne ».

(2) Il y avait longtemps que la science profane avait été appelée *ancilla theologiæ*. Le mot n'est-il pas de saint Anselme ?

(3) Le Plessis-les-Tours, dans la commune de la Riche, à un kilomètre de la capitale de la Touraine. C'est le Plessis cher à Louis XI qui y fit construire un château où il mourut (30 août 1483).

(4) Le *Dictionnaire de Moréri,* où l'on trouve presque tout, a un bon petit article sur Nigeon, « lieu dans la paroisse de Chaillot, proche de Paris, au bout du Cours-la-Reine, où était l'hôtel de Nigeon que la reine Anne de Bretagne, femme de Louis XII, donna, l'an 1493, aux religieux de l'ordre de Saint-François-de-Paule, pour en faire un monastère. Elle leur fit bâtir encore une église en l'endroit où était une chapelle, sous le titre de N.-D. de Grâce ».

vince de France, personnage dont la memoire est en bene-
diction parmy les nostres, tant pour sa pieté et pour son
humilité, que pour la bonne conduite avec laquelle il a gouverné l'Ordre dont il a esté le XXXII General.

Ayant donc receu l'habit de l'Ordre des mains du R.-P.
Hebert dans le convent de Nigeon le 17 de juillet de l'an 1611,
feste de l'incomparable saint Alexis, après y avoir demeuré
deux mois et demy, on l'envoya passer les dix autres de son
année de Probation au convent de S. Pierre de Fublines
près de Meaux (1) et du Royal chasteau de Monceaux (2), où
il fit profession le 17 de juillet de l'année 1612, estant âgé de
24 ans, entre les mains du Venerable Pere Nicolas Gueriteau,
correcteur de ce Convent fondé par Monsieur Pierre Pous-
semie, Chanoine et Chantre de l'Église de S. Estienne de
Meaux.

Il passa fort saintement son année de Noviciat, aux con-
vents de Nigeon et de Fublines, edifiant, par ses vertus et
son humble sçavoir, tous les Religieux de ces deux Monastè-
res, ausquels il donna de bons exemples d'humilité, de
penitence, d'obeissance et de charité : c'est pourquoy il fut
receu d'un commun consentement pour faire les vœux de
Religion, qu'il a tousjours fidelement gardez à Dieu, ayant
mené en terre une vie digne du Ciel, si pauvre, si chaste et
si pure, qu'il a triomphé de ces passions, qui triomphent de
tout le monde, et s'est conservé saintement cette première
liberté, avec laquelle tous les hommes prennent naissance.

Après sa Profession, la simplicité de ses mœurs, le peu

(1) Aujourd'hui Fublaines, commune de Seine-et-Marne, canton de
Meaux et à 7 kil. de cette ville.

(2) Monteeaux est actuellement une commune du canton de Meaux, à
8 kil. de cette ville. Divers documents inédits relatifs au château
qu'Henri IV embellit pour le rendre plus digne de la « belle Gabrielle »,
ont été récemment publiés par M. A. Desclozeaux dans son savant et
agréable livre sur l'amie du bon roi (Paris, 1889, grand in-8° orné d'un
délicieux portrait de l'héroïne, d'après un crayon de la Bibliothèque nationale, portrait qui explique, s'il ne justifie pas, une vive passion).

d'ambition qu'il avoit, et l'amour des Livres et des Sciences luy firent passer doucement sa vie dans l'Ordre des Minimes : car l'innocence regnoit dans son ame ; il ne cherchoit dans le Cloistre que l'acquisition des Sciences et de la Vertu ; le seul desir d'apprendre le bien et de le pratiquer, et la conversation des personnes pieuses et sçavantes, estoient ses occupations et ses delices.

Deux mois et demy après sa Profession il vint demeurer au convent de Paris, où il receut les ordres de Sous-Diacre, de Diacre, et de Prestrise par Monseigneur Henry de Gondy, Evesque de Paris, depuis cardinal de Raiz, et celebra sa premiere messe le 28 d'octobre de l'an 1613. feste des Apostres S. Simon et S. Jude.

Estant prestre il apprit en perfection la langue Sainte, qui luy fut enseignée par le R.-P. Jean Bruno, Escossois, qui avoit esté receu Docteur en Theologie aux Universitez d'Alcala de Henarez, et d'Avignon, avant que d'entrer dans l'Ordre des Minimes, et qui depuis alla establir l'Ordre en Flandre ou aux Païs-Bas avec le R. Père Jean Sauvage, celebre predicateur du mesme Ordre.

Le R.-P. Jean Prieur estant eleu Provincial de la Province de France à la feste de S. Michel de l'an 1614, donna une obedience au P. Mersenne d'aller demeurer au convent de S. François de Paule, que feu Monsieur le Duc de Mantoüe, de Monferrat et de Nivernois, avoit fondé près de sa ville de Nevers, pour y enseigner la Philosophie aux jeunes Religieux. Et en effet il la monstra durant les années 1615, 1616 et 1617 et leut la Theologie l'an 1618. Mais il fut obligé de quitter cet exercice, parce qu'il fut eleu Correcteur du mesme Convent, qu'il a gouverné avec une grande bonté, et avec toutes les vertus requises à un superieur d'une Maison Religieuse.

Ayant achevé son Correctoriat sur la fin de l'an 1619, il receut une obedience du R.-P. Hebert (qui estoit Provincial pour la seconde fois de la Province de France) par laquelle il luy commanda de venir demeurer Conventuel en ce Convent de l'Annonciade et de S. François de Paule près de la Place Royale, où il ne fust pas sitost arrivé, qu'il medita de travailler sur l'Escriture Sainte, et dès lors il composa son *Premier Tome des Commentaires sur la Genese*, qui vit le jour l'an 1623 et le dedia à Monseigneur Jean François de Gondy, premier Archevesque de Paris. Il fit aussi en mesme temps des *Remarques sur les problêmes de George Venitien* (1).

Il donna au public la mesme année deux petits livres de devotion en François, sçavoir l'*Analyse de la vie Spirituelle*, et l'*Usage de la raison*.

De plus voyant que l'impieté s'augmentoit en ce malheureux siècle, et que Dieu estoit grandement deshonoré par quelques jeunes libertins ; il luy vint une forte inspiration de refuter en François leurs detestables maximes, comme il l'avoit desjà fait en Latin dans son Commentaire sur la Genèse. C'est pourquoy il mit en lumière un livre divisé en deux parties et volumes sous ce titre :

L'Impieté des Deistes, des Athées, et des plus subtils libertins de ce temps, combatue et renversée de poinct en poinct par raisons tirées de la Philosophie et de la Theologie (2).

(1) *Observationes et emendationes ad Fr. Georgii, Veneti problemata* dans le même volume que les *Quæstiones celeberrimæ in Genesim* (Paris, Seb. Cramoisy, in-f°. Sur le Vénitien Francesco Zorzi voir B. Hauréau, t. VIII, *passim*, de la page 123 à la page 134.

(2) Voir *ibid*. p. 188 un titre quelque peu différent donné à cet ouvrage qui parut en 1624 à Paris chez Billaine en 2 vol. in-8° et aussi l'appréciation dudit ouvrage p. 139-140. On sait que parmi les *déistes*, *athées* et *libertins* le bon P. Mersenne range un peu à tort et à travers, outre Giordano Bruno et Lucilio Vanini, des philosophes et publicistes comme Charron, Cardan, Machiavel, Campanella, etc. Il venait d'être précédé, dans ces enrôlements très mêlés et en partie très forcés, par le P. François Garasse, auteur d'un formidable in-4° de plus de mille pages intitulé : *La Doctrine curieuse des beaux esprits de ce temps, ou pretendus tels*, etc, (Paris, Seb. Chappelet. 1623). Un des plus distingués confrères actuels du P. Garasse s'occupera bientôt de lui, en un travail spécial, aussi bien qu'il s'est récemment occupé d'un de ses autres confrères du XVIIe siècle, le P. Le Moyne.

Il donna encore au public son livre *de la Verité des Sciences* (1), où il refute les opinions des Septiques ou Pyrrhoniens : et aussi deux petits volumes en Latin en faveur des Mathematiciens, sous le nom *de l'Abregé ou Inventaire de la Mathematique,* et un autre en François sous celuy de *l'Harmonie Universelle* (2).

Ensuite il composa plusieurs autres livres en la mesme langue, scavoir *les Questions inouïes, les Questions harmoniques ; les Questions Theologiques, Physiques, Morales et Mathématiques, les Mechaniques de Galilée, et les Preludes de l'Harmonie.*

Douze livres de l'Harmonie en Latin, qu'il a reveuz et augmentez dans seconde Edition peu de mois avant son deces.

Mais comme il aimoit sa patrie, et honoroit parfaitement sa nation, il mit ce livre là en nostre langue en deux gros volumes in-folio, sous le titre de *l'Harmonie universelle, contenant la Theorie et la Pratique de la Musique.*

Dans le I Tome il traite de la nature des Sons, et des Mouvemens, des Consonnances, des Dissonances, des Genres, des Modes, de la Composition, de la Voix, des Chants, et de toutes sortes d'Instrumens Harmoniques avec leurs figures.

Le II Tome contient la Pratique des Consonnances et des Dissonances dans le Contrepoint figuré, la methode d'enseigner et d'apprendre à chanter, l'embellissement des airs,

---

(1) C'est la traduction de l'ouvrage de lord Herbert de Cherbury : *de veritate* publiée par un libraire de Paris en 1624. Voir sur l'ouvrage du diplomate anglais une importante lettre de Gassendi insérée par Bougerel dans la *Vie* de ce philosophe (1737, in-12, p. 134-140). Conférez *Impressions de voyage de Pierre Gassendi dans la Provence alpestre* (Digne, 1887, in-8°, p. 32-33).

(2) Le titre complet est celui-ci : *Traité de l'Harmonie universelle, où est contenue la musique théorique et pratique des anciens et des modernes* (Paris, Baudry, 1628, in-8°). Voir, du reste, pour tous les autres ouvrages qui vont être énumérés, les trois bibliographies merseniennes, qui se complètent l'une l'autre, du P. Niceron, de l'auteur du *Manuel du libraire* (sans négliger le *Supplément* à cet ouvrage) et de M. H auréau.

a Musique accentuelle, la Rythmique, la Prosodie, et la Metrique Françoise, la maniere de chanter les Odes de Pindare et d'Horace, l'utilité de l'Harmonie, et plusieurs nouvelles observations tant Physiques que Mathematiques.

Trois tomes en Latin in-4° dont le I contient les Traités qui suivent, sçavoir :

Le I des *Mesures, des Poids et des Monnoyes des Hebreux, des Grecs et des Romains reduites à la valeur de celles de France.*

Le II des *Phenomènes ou secrets naturels qui se font par les mouvemens et les impressions de l'eau et de l'air.*

Le III le *Moyen de naviger et de cheminer dessus et au-dessous des eaux, avec un Traité de la Pierre d'Ayman.*

Le IV, *de la Musique Speculative et Pratique.*

Le V *Un Traité des Mechaniques selon la Theorie et la Pratique.*

Au VI il explique *les jets de boulets, des flesches, des javelots, et des autres semblables poussez por la force des arcs et des arbalestes.*

Le second Tome comprend *un Abregé de la Geometrie Universelle et des Mathematiques mixtes,* où se voyent :

Premierement les XV Livres des Elemens d'Euclide, avec trois autres de Monsieur François de Foix de Candale, Evêque d'Aire, Commandeur des deux Ordres du Roy, et l'Euclide de ce temps (1) ;

II — XXVII Livres de la Geometrie de Pierre de la Ramée, dit Ramus (2).

(1) Sur ce savant mathématicien voir *Notes et documents inédits pour servir à la biographie de Christophe et de François de Foix-Candalle, évêques d'Aire* (Auch, 1877, grand in-8°).

(2) Il s'agit là du professeur au collège de France qui fut à la fois grammairien, mathématicien et philosphe. Je renverrai pour l'histoire de sa vie et de ses travaux à l'estimable thèse de M. Waddington, mais en notant qu'au sujet de l'assassinat de Ramus par des gens que Pierre Charpentier, « son implacable ennemi », — c'est un cliché ! — aurait eu l'infamie de soudoyer (26 août 1572), M. Joseph Bertrand, secrétaire per-

III — Les Œuvres d'Archimede, ou deux livres de la Sphere et du Cylindre, de la mesure du Cercle, des figures Coniques et Spheriques, etc.

IV — Le Supplement d'Archimede.

V — Trois livres de Spheres de Theodose, trois aussi de Menelas, et trois de Maurolic ; Antholic de la Sphere avec Theodose des diverses demeures des hommes qui habitent sur la terre ; les Phenomenes d'Euclide et la Cosmographie ; les IV livres des sections coniques d'Apollinius ; deux livres de Selenus de la section du Cylindre ; IV livres des sections coniques de Monsieur Mydorge (1) ; VIII livres abregez des Collections de Pappus, où se voyent les suppositions d'Euclide ; les Coupes des angles de Monsieur Viète (2), et plusieurs autres Traitez ; II Livres de Mechaniques, où se trouvent les Œuvres de Commendinus (3), et de Luc

pétuel de l'Académie des Sciences, a formulé de telles objections dans un mémorable article de la *Revue des Deux-Mondes* (livraison du 15 mars 1881 : *Jacques Charpentier est-il l'assassin de Ramus ?*), que l'on n'a plus le droit de mettre sur le compte d'une inimitié particulière un crime dont sont responsables d'une façon générale les abominables auteurs de la Saint-Barthélemy.

(1) Claude Mydorge, né en 1585 à Paris, mourut dans cette ville en juillet 1647. Le *Moréri* déclare qu'«il succéda à M. Viete dans la réputation d'être en son temps le premier mathémaiicien de France ». Ce fut un des meilleurs amis de Descartes et du P. Mersenne.

(2) François Viète, le plus grand peut-être des géomètres de notre pays, naquit en 1540 à Fontenay-le-Comte (Vendée). Pierre de l'Estoile (*Mémoires-journaux*, t. VIII, p. 64), mentionne ainsi sa mort (février 1603) : M. Viette, Maistre des Requestes, homme de grand esprit et jugement, et des plus doctes mathématiciens de ce siècle, mourut en ce mois, à Paris, aiant selon le bruit commun, vingt mille escus au chevet de son lit. » Un érudit de Montpellier prépare avec une sage lenteur une monographie de Viete qui, si j'en crois la réputation de l'auteur, sera bien recommandable.

(3) Federigo Commandino naquit à Urbain en 1509 et mourut dans la même ville le 3 septembre 1575. Voir le *Dictionnaire* de Bayle où l'on trouvera la liste des ouvrages traduits ou commentés par lui. Voir encore les *Eloges des Hommes savants tirez de l'Histoire de M. de Thou avec des additions*, par Antoine Teissier (Leyde, 1715, t. III, p. 46-47). En ce même recueil voir t. IV, (p. 340-448) ce qui regarde Fr. Viète dont nul n'a jamais mieux parlé que le président de Thou.

Valerius (1) ; du Centre de Gravité des corps solides etc ;
VII livres de l'Optique, où il explique la Catoptrique, la
Dioptrique, les Paralaxes, ou divers aspects et les refrac-
tions.

Dans le troisième Tome l'on voit, *les Nouvelles observations Physiocomathematiques avec Aristarche Samien de la
Constitution du Monde.*

Il ne faut pas obmettre icy que le R.-P. Jean-François
Niceron Parisien (2), Religieux de notre Ordre, estant decedé
sur son *Thaumaturque Optique*, nostre R.-P. Mersenne prit
la peine de revoir le livre Latin et François de ce
Religieux (3), lequel est mort au convent d'Aix en Provence
le 22 de septembre de l'an 1646, estant âgé de trente-trois
ans (4), au grand regret de tous les doctes et les curieux qui
l'ont connu, et l'ont aimé pour son éminent sçavoir en la
Theologie, en la Philosophie, et aux Mathematiques, et pour
ses autres excellentes qualitez.

Travaillant à cet ouvrage, et en mesme temps à un II Tome
de *Commentaires sur la Genèse*, à un *autre sur S.
Mathieu* (5), et à faire de continuelles experiences sur le

(1) Je ne trouve le nom de Luca Valerio dans aucun de mes
recueils.

(2) C'était un parent de l'auteur des *Mémoires pour servir à l'histoire
des hommes illustres.* Voir le récit de sa mort dans l'*Histoire de la
ville d'Aix*, par P. A. de Haitze. (*Revue Sextienne* du 15 juillet 1890,
p. 442.)

(3) *Thaumaturgus Opticus, sive admiranda optices, catoptrices et
dioptrices, pars prima, de iis quæ spectant ad visionem directam.* (Paris,
1646, in-F.)

(4) Balthazar de Monconys raconte dans ses *Voyages* (1655, in-4°)
qu'il le vit quand il était déjà à l'agonie. Haitze assure que « les
savans en prirent le deuil, car ils attendaient des prodiges d'un génie si
merveilleux. »

(5) Le manuscrit du second volume des *Questions sur la Genèse* et le
manuscrit des *Commentaires sur l'Evangile de saint Mathieu* sont
conservés à la Bibliothèque Nationale dans le fonds latin, sous les numéros
17261, 17262. Voir *Inventaire des manuscrits latins de Notre-Dame et*

vuide, il tomba malade le 27 de juillet de l'an mil six cens quarante-huict, d'un abscez que l'on croyoit au commencement une fausse pleuresie (1).

Peu de jours après voyant que son mal de costé ne diminuoit point, mais qu'il augmentoit de jour en jour, il se disposa à passer de cette vie terrestre à l'éternelle et bien-heureuse : car la mort qui paroist épouventable à la pluspart des hommes, se presenta à ses yeux avec des beautez et des charmes. Il embrassa genereusement cette fin de sa vie avec toutes les tendresses de son cœur, l'ayant purifié par une exacte Confession Generale de toute sa vie, qu'il me fit le 5 d'Aoust, feste de Notre-Dame des Neiges : ainsi il se fortifia par plusieurs Communions, par le saint Viatique, et par l'Extreme-Onction qu'il demanda avec instance, et qu'il receut avec un zele et une ferveur incroyable. Si bien que s'estant armé de ces armes divines pour le combat d'entre la chair et l'esprit, et s'estant dépouillé de toutes les affections humaines pour se revestir du seul Jesus-Christ crucifié, il se resolut à cet effroyable moment en parfait Chrestien et en vray Religieux. Le Venerable Pere Jean Auvry Correcteur, et tous les Religieux de ce Convent de saint Francois-de-Paule prez de la Place Royale, qui l'ont assisté les XXXVII jours qu'il a esté malade, et qui luy ont veu finir sa vie, sont encore dans l'admiration de la force extraordinaire de son cœur. Après avoir dit son intention dans les derniers jours de sa maladie touchant les Livres qu'il avoit sous la Presse, et prié le Superieur de serrer les Livres defendus qui estoient dans sa chambre, son esprit libre ne pensa plus qu'à s'ouvrir le chemin du Ciel.

d'autres fonds par Léopold Delisle (Paris, 1871, p. 37). L'éminent critique mentionne les deux ouvrages inédits sous le titre général de *Travaux du P. Mersenne sur la Bible.*

(1) Les mêmes détails sont donnés absolument dans les mêmes termes par Perrault qui a évidemment fait à H. de Coste l'honneur de le prendre pour guide et même pour fournisseur (p. 55.).

Ainsi a vécu, ainsi est mort le R.-P. Marin Mersenne, Religieux de l'Ordre des Minimes de Saint-François-de-Paule, le premier jour du mois de septembre à trois heures après midy de l'an mil six cens quarante-huit, ayant vécu soixante ans moins huit jours. Il en a passé trente-sept dans la Religion, qu'il a employez ou à prier Dieu, ou à estudier et à conferer, tant de vive voix que par écrit avec plusieurs habiles hommes en toutes sortes de professions, qui l'ont grandement honoré, non-seulement pour sa doctrine, (car il n'ignoroit rien de tout ce qui rend les hommes sçavans), mais à cause de sa douceur, de son humilité, et de ses autres excellentes qualitez, qui l'ont fait admirer de tous ceux qui ont eu le bien de le connoistre, ou par ses conferences, ou par ses écris, ou par les voyages qu'il fit en Alemagne, en Flandre et en Hollande l'an 1630, en France 1639, et en Italie et en France ès-années 1644, 1645, 1646. Car il fit amitié avec les plus illustres et les plus célèbres personnages des païs où il voyagea.

Il a esté regretté universellement, et des grands et des petits qui l'ont connu. Aussi donnoit-il je ne sçay quelle tendresse de cœur à tous ceux à qui il parloit : ses discours n'avoient rien de melancholique, mais ils estoient assaisonnez d'une certaine naïveté et d'une douceur si attrayante, qu'il sembloit avoir acquis un doux empire sur les cœurs : en effet tout le monde aimoit uniquement sa conversation (1).

Sixtin Amama, professeur en Grammaire à Franeker en Frise, et Robert Flud ou des Flots, Medecin Anglois de l'Université d'Oxford, ont composé des livres contre nostre Père Mersenne : mais le premier ayant reconnu sa franchise et sa sincerité, fit depuis amitié avec luy, comme l'on peut voir par les belles et les honorables lettres qu'il luy a sou-

(1) Textuellement copié encore par Perrault (p. 55.).

vent écrites (1). L'autre ayant vomy contre sa personne et contre ses Livres plusieurs injures dignes d'un homme qui n'avoit point de Religion, a veu à son grand dépiaisir plusieurs sçavans hommes prendre le party du Père Mersenne contre luy ; entre autres le R.-P. Francois de la Nouë, Parisien, Theologien de nostre Ordre des Minimes (maintenant Collegue, ou Assistant François du Reverendissime Pere Thomas Munoz et Spinossa, Correcteur General du même Ordre) sous le nom du sieur *Flaminius* : le R.-P. Jean Durel Forezien, aussi Theologien du même Ordre, sous le nom d'Eusèbe de Saint-Just, et Monsieur Gassendi, Prevost de Digne en Provence, qui ont refuté par de solides raisons les resveries, les impertinences et les fausses opinions de cet homme furieux et melancholique (2).

Ces deux escrivains n'ont acquis aucune gloire par les livres qu'ils ont escrit contre luy : mais plustost de la confusion et de la honte : car au lieu d'estre blessé par les traits des envieux de sa vertu et de son sçavoir, il a fait retomber sur leurs testes leurs propres flesches par la sinceritédes ses actions, par la probité de sa vie, et par la solidité de sa doctrine.

Plusieurs excellens hommes (outre les trois que j'ay nommez) ont magnifiquement parlé de luy, ou ils ont fait une honorable mention de ses œuvres dans leurs livres : comme Claude Robert, chanoine ou grand vicaire de Châlon sur Saone dans la Gaule ou France chrestienne (3), en ces termes

---

(1) Sur le professeur Amama, que tous nos recueils semblent avoir dédaigné, je ne puis rien dire de plus que M. Hauréau qui (p. 136), a raconté la querelle des deux hébraïsants. Je noterai seulement que M. Hauréau, citant sur l'amitié des deux anciens adversaires, Perrault plutôt que notre biographe, a puisé dans un récit indirect et de seconde main, quand il pouvait puiser à la source même.

(2) Sur Robert Flud et sur ses querelles avec Mersenne et Gassendi, il me suffira de renvoyer au livre de Bougerel déjà cité.

(3) L'abbé Robert naquit à Chesley (Aube), vers le milieu du XVIe siècle

Latins, *Marinus Mersennus, Cenomanensis, inter Patres Minimos non ultimo loco, ob insignem pietatem et doctrinam recensendus*. Marin Mersenne Manceau, qui pour son insigne pieté et sa doctrine merite d'estre mis au nombre des plus celebres des Peres Minimes ;

Messieurs de Sainte-Marthe freres jumeaux et dignes historiographes du Roy, dans la seconde edition du livre de la Gaule Chrestienne de Monsieur Robert, qu'ils ont dessein d'augmenter, où l'on verra le Catalogue des Archevesques, des Evesques et des Abbez de France (1) ;

Le Pere Jean Philipeaux, de la Compagnie de Jesus, en ses Commentaires sur Osée (2) ;

Le Père George Fournier, de la même Compagnie, en son Hydrographie (3) ;

Dom Pierre de Saint-Romuald, de l'Ordre des Peres Feuillans, dans le III Tome de son Thresor Chronologique et historique (4) ;

Le Père Louis Jacob de Saint-Charles, de l'Ordre des Pères Carmes, au Traité des Bibliothèques (5) ;

et mourut le 16 mai 1637. Le recueil auquel il donna un titre qui devait devenir si célébre parut en 1626 (in-fol.).

(1) Tout le monde sait que les deux frères jumeaux Gaucher et Louis de Sainte-Marthe refondirent et complétérent en 4 vol. in-fol. (1656), l'ouvrage de l'abbé Robert. Le nouveau *Gallia Christiana* fut au premier ce que le Versailles de Louis XIV fut au Versailles de Louis XIII.

(2) *Oseas primus inter prophetas commentariis illustratus*. (Paris, Séb. Cramoisy, 1626, in-fol.)

(3) Le P. George Fournier (né à Caen en 1595, mort à La Flèche en 1650) publia en 1643 : L'*Hydrographie, contenant la theorie et la pratique de toutes les parties de la navigation* (Paris, in-fol.) La seconde édition, augmentée, est de 1679.

(4) Pierre Guillebaud, dit de Saint-Romuald, né à Angoulême, mort à Paris (1595-1667) publia son *Trésor chronologique* de 1642 à 1647 (3 vol. in-fol.). C'est de ce vénérable bouquin, qui mérite bien en cette occasion son titre de *Trésor*, que M. Urbain a tiré, à la plus grande joie des lecteurs du *Bulletin du Bibliophile*, des *vers oubliés de Corneille et de Théophile*.

(5) Tous les bibliophiles connaissent le bibliographe (né à Chàlon-sur-

Michel Florent Langrenus, Mathematicien et Cosmographe du Roy d'Espagne en sa Selenographie ou description de la Lune (1) ;

Jean Hevelius, Eschevin ou Consul de Danzich en Pologne, en sa belle docte et curieuse Selenographie (2) ;

Bonaventure et Abraham Elzevirs dans la *Preface des Œuvres Mathematiques de François Viete, Poitevin,* conseiller du Roy et Maistre des Requestes ordinaire de son Hostel, imprimées à Leyden par les soins de François de Schooten, Professeur en Mathematique en cette Université de Hollande (3) ;

L'abbé Dom Jean Caramuel Lobkowitz, Religieux de l'Ordre de Cisteaux, et Docteur en Theologie de l'Université de Louvain, dans divers Traitez de Theologie et de Mathematique (4) ;

Saone le 20 août 1608, mort à Paris le 10 mai 1670) auquel nous devons les milliers de précieux renseignements contenus dans le *Traité des plus belles bibliothèques du monde* (1644, in-8º.).

(1) Le nom de ce Langrenus manque dans tous les dictionnaires biographiques que j'ai sous la main.

(2) On trouvera d'abondantes indications sur Hevelius dans les *Lettres de Jean Chapelain*, duquel il fut le fidèle correspondant (Paris, imprimerie Nationale, 2 vol. in-4º, 1880-1883.). Conférez le beau recueil des *Œuvres complètes de Christiaan Huygens*, éditées par la Société hollandaise des Sciences et dont les trois premiers volumes publiés de 1888 à 1890 (la Haye, in-4º) contiennent tant de documents qui complètent la correspondance de Chapelain en ce qui regarde Hevelius et bon nombre d'autres savants étrangers.

(3) Leyde, 1646, in-fol. Voir les *Elzevier* par Alphonse Willems (Bruxelles, 1880, p. 149-150, article 609). L'excellent bibliographe dit dans cette dernière page : « C'est le Père Mersenne qui parait avoir conçu le projet de réunir en un seul volume les œuvres du grand mathématicien français. Le hasard nous a conservé une lettre adressée à ce savant par les Elzevier de Leyde, sous la date du 8 mars 1638, dont nous détachons le passage suivant : *Quant aux œuvres de Vieta nous le commencerons si tost que nous aurons le tout complet. Pourtant il vous plaira procurer tant les corrections que aussi le manuscript du dict aucteur que vous escrivez n'estre jamais imprimé. Nous faisons estat de le faire in-folio, comme ferons aussi avecque le temps toutes les œuvres de Galilæius.* »

(4) Mort évêque de Vigevano en 1682. Voir sur ce personnage, qui fut

Le P. Luc de Montoya, Religieux de nostre Ordre des Minimes, en sa *Preface sur les Metaphores du livre de la Genese* ;

Le Père Claude Rangueil de Crespy en Valois, Theologien du mesme ordre, dans les *Commentaires sur les Livres des Rois* ;

Et aussi le P. Simon Martin, Religieux du mesme Ordre, dans l'Eloge de Marie, sœur de Moyse et d'Aaron (1) ;

Jaques d'Auzoles, sieur de la Peyre, dans sa *Sainte Chronologie*, en son *Mercure Charitable*, et dans d'autres livres (2) ;

René Des Cartes, gentilhomme François, en sa *Response aux Septiesmes Questions* (3) ;

Le R.-P. Jacques Bolduc, Theologien de l'Ordre des Peres Capucins, en ses *Commentaires sur Job* (4) ;

un des correspondants de Gassendi et qui a été vivement attaqué dans l'*Anti-Caramuel*, un article bien curieux du *Moréri* et que je recommande surtout aux amateurs d'anecdotes.

(1) Les trois minimes dont on vient de lire le nom ont été négligés par tous les biographes de ma connaissance. Si je l'osais, j'appliquerais à ce groupe de biographes le mot fameux: *De* MINIMIS *non curat*.

(2) Ce très singulier érudit naquit le 14 mai 1571 en Auvergne, au château de la Peyre, et mourut à Paris le 19 mai 1642. Ce fut un grand batailleur et il bataille surtout contre le P. Petau. Voir dans le tome XXXVII des *Mémoires* de Niceron l'article *Petau* par le P. Oudin et le même article dans la *Bibliothèque des écrivains de la Compagnie de Jésus* par les PP. de Backer et Sommervogel (tome III, col. 1901-1902). Qui pourrait croire, lit-on en cette dernière colonne, « que l'auteur si obscur, si bizarre, si inconnu de nos jours, fut admiré dans son temps, au point qu'on frappa une médaille en son honneur avec ce titre : *Au prince des chronologistes* ? » Je me demande si l'historiette de la médaille est bien authentique.

(3) Sur les relations de Descartes et de Mersenne on peut consulter l'ouvrage si touffu d'Adrien Baillet (*Vie de M. Descartes*, 1691, in-4°) et l'édition des *Œuvres complètes* de Descartes par Victor Cousin, où la correspondance des deux philosophes tient une si grande place. A ceux qui aiment mieux effleurer qu'approfondir et qui prennent pour devise le *Summa sequar vestigia rerum*, j'indiquerai l'excellent résumé donné par M. Hanréau du travail de ses deux devanciers (p. 113-115, 145-149, 165-169).

(5) Jacques Bolduc, né à Paris vers 1580, soutint dans plusieurs de ses

Christofle Scheinerus, vulgairement Scheiner, de la Compagnie de Jesus, en son livre qui a pour titre *la Rose des Ursins (Rosa Ursina)*, parle fort honorablement des Commentaires du P. Mersenne sur la Genese, comme l'on peut voir en la page 135 du livre de ce Pere Jesuite, qui le cite entre Jean Baptiste Follengius et Pierre Hurtado de Mendoza de sa Compagnie (1) ;

Jean Berovicius ou Beverwich dans sa question proposée par lettre, sçavoir, *si nostre vie se peut prolonger ou accourcir, ou si de necessité elle a sa durée totalement limitée* (2) : entre autres a adressé une lettre au P. Mersenne, où il le qualifie Philosophe tres-celebre, et ensuite il met la réponse qu'il luy a faite ;

Pierre Meusnier, Docteur en Medecine, au commencement de son cours de Philosophie (3), luy adresse aussy une Epistre, dans laquelle il le qualifie tres religieux et tres

ouvrages théologiques d'étranges paradoxes. Le plus curieux de ses livres, à ce point de vue, est le *De Orgio Christiano libri tres* (Lyon, 1640, in-4°). Bolduc et Jacques d'Auzoles qui, confrères en originalité, auraient dû éprouver grande sympathie l'un pour l'autre, luttèrent ardemment l'un contre l'autre et le dernier ne craignit pas de lancer à la tête de son adversaire un volume intitulé : l'*Antibabau contre le Père Jacques Bolduc, capucin*, dédié au marquis de Châteauneuf, garde des sceaux (1632, in-8°).

(1) Voir sur le P. Christophe Scheiner, qui fut un savant astronome, né en Souabe en 1575, mort en Silésie en 1650, la vie de Peiresc par Gassendi, la vie de Gassendi par Bougerel, et la *Bibliothèque des écrivains de la Compagnie de Jésus* (tome III, in-f°. 1876, col. 601-604). La *Rosa Ursina* du P. Scheiner est de 1630 (Brescia, in-fol.).

(2) Jean Beverovicius (Van Beverwick), naquit à Dordrecht le 17 novembre 1594 et mourut le 19 janvier 1647 dans sa ville natale. Le *Moréri* mentionne divers ouvrages de ce médecin et n'omet pas le volume cité par le P. H. de Coste, où le disciple de Baudius, de Daniel Heinsius et de Vossius « a recueilli les lettres de plusieurs savants sur une question qui a fait autrefois beaucoup de bruit en Hollande, savoir si le terme de la vie de chaque homme en particulier est fixé et immuable, ou s'il peut être changé. »

(3) J'avoue humblement que je ne connais ni Meusnier, ni son livre de philosophie. Mais la plupart de mes lecteurs sont-ils, à cet égard, plus favorisés que moi ?

sçavant, et a inseré aussi la réponse que luy a faite ce Pere ;

Le B.-P. Valerien Magni, Milanez, Theologien et Philosophe de l'Ordre des Capucins (1) (dont le nom est celebre en Italie et en Pologne pour sa pieté et sa doctrine, qui l'ont fait aimer de ce grand Prince le feu roi de Pologne et de Suède Vladislas IV) (2), luy a adressé et dedié son Traité de l'*Atheisme d'Aristote*, imprimé à Warsovie (*sic*). La date de l'Epistre est du 19 de Novembre 1647.

La pluspart des Autheurs qui ont écrit sur l'experience qui met en doute si la nature peut souffrir le vuide, ont cité le Pere Mersenne : entre autres le R. P. Estienne Noel, Recteur du collége de Clermont des Peres Jesuites à Paris à la page 59 de son livre *de la Pesanteur comparée, ou de la comparaison de la pesanteur de l'air avec la pesanteur du Vif-argent*, le cite en son chapitre 6 des *Observations physico-mathematiques* à la page 104 (3) ;

Monsieur Hoob, Anglois, precepteur de Monseigneur le Prince de Galles, dans ses livres de Philosophie et de Mathematique (4) ;

Mr Nicolas du Chesne de Forest dans son livre de Philosophie (5) ;

(1) P. V. Magni naquit en 1587 dans le Milanais et mourut à Salzbourg en 1661, ayant passé 60 ans dans l'ordre des Capucins. Voir sur ses querelles de théologien le *Dictionnaire* de Bayle (édition Beuchot, tome X, p. 50-53), l'article *Rosenthal* de la *Bibliothèque des écrivains de la Compagnie de Jésus* (tome III, col. 339-340), etc. Pascal a fait mention de lui dans la XVe de ses *Provinciales*.

(2) Le roi fit, dit-on, de pressantes démarches auprès du pape Urbain VIII pour que le P. Magni fut élevé au cardinalat.

(3) Le Le P. Etienne Noël, lorrain, né en 1581, fut recteur, avant d'être nommé en la même qualité à Paris, des colléges d'Auch et de La Flêche ; il mourut en cette dernière ville le 16 octobre 1659. Il fut un des correspondants de Descartes et un des adversaires de Pascal. Le *De gravitate comparata* est de Paris, 1648, in-8°.

(4) Mr *Hobb* est l'illustre philosophe Thomas Hobbes qui, s'étant réfugié en France en 1640 comme royaliste, s'y lia avec Gassendi, Mersenne, Sorbière, etc.

(5) Nicolas Forest du Chesne, né à Reims vers 1596, fut d'abord Jésuite,

Monsieur Naudé en son *Addition à l'Histoire du Roy Louis XI* et en son *Advis pour dresser une Bibliothèque* (1) ;

Monsieur Petit, Intendant des fortifications, qui a eu une continuelle correspondance avec luy pour les experiences et les curiositez, en son *Discours Chronologique*, en son *Traité du Vuide,* et en plusieurs autres (2).

Leon Allatio Grec dans son livre, qui a pour titre les *Abeilles Urbaines (Apes Urbanæ)* (3), ou des hommes illustres qui ont esté à Rome aux années 1630, 1631, 1632 (4) et ont mis des livres en lumière, fait mention du P. Marin Mersenne en la page 115 ;

Au livre intitulé, *Refutation d'un libelle imprimé à Rouen sous le titre de Futilité,* etc, page 22, le mesme P. Marin

puis Cistercien. L'ouvrage vaguement désigné par H. de Coste doit être le *Florilegium universale* (Paris, 1650, 2 in-4°), gigantesque pot-pourri où l'auteur a mis de la philosophie, de la théologie, de la philologie, des mathématiques, etc. Cet ouvrage, dit le *Moréri*, « est presque épuisé, et il n'y a pas lieu de croire qu'on s'empresse jamais à lui donner de la vie. »

(1) L'*Addition à l'histoire de Louis XI* est de 1630 (in-8°) et l'*Advis pour dresser une Bibliothèque* est de 1627, in-8°, réimprimé en 1644, avec le *Traité des plus belles bibliothèques* du P. Jacob, auquel notre ami toujours regretté Paul Lacroix avait emprunté un pseudonyme qu'il a rendu si célèbre. On trouvera plus loin une citation également flatteuse pour Gassendi et pour Mersenne empruntée par H. de Coste à Gabriel Naudé.

(2) Pierre Petit naquit à Montluçon, le 31 décembre 1598, devint *Conseiller du roi, son ingénieur et géographe,* puis *intendant des fortifications de France* et mourut à Paris le 20 août 1677. Les *Discours chronologiques* (et non le *discours,* comme dit H. de Coste) sont de 1636 (in-4°). Les *Observations touchant le Vuide* (et non le *Traité du Vuide,* comme dit encore H. de Coste) sont de 1647 (in-4°).

(3) Sur Leo Allatius et sur son recueil voir divers passages du fascicule XIII des *Correspondants de Peiresc. Lettres de Gabriel Naudé* (Paris, 1887). J'ai oublié — et c'était pourtant bien l'occasion ! — de citer là ce mot de l'auteur du *Mascurat* (p. 239) : « Leone Allatio, le plus docte personnage qui soit en Italie.

(4) Le P. Mersenne alla-t-il en Italie de 1630 à 1632 ? Sa correspondance, comme on va le voir, semble prouver que non. Les seuls voyages incontestables faits par lui au-delà des monts, sont ceux de 1639 (ou environ), de 1641, de 1644 et enfin de 1646.

Mersenne est cité en son ouvrage des *Instrumens de Musique*, et joint avec Boëce (1).

Jean Seldenus, vulgairement Seldens, Anglois (2), le loue grandement dans plusieurs de ses Œuvres, et admire la bonté de son esprit et son assiduité à l'estude. Ceux qui ont leu son livre qui a pour titre : *les Marbres d'Arondel [Marmora Arundelliana]* (3), n'ignorent pas qu'il cite les commentaires du P. Mersenne sur la Genese trois ou quatre fois en une seule page.

Jean Pellius, ou autrement Pele, Professeur en mathematique en la nouvelle Academie de Breda le cite aussi en la page 55 dans son livre intitulé, *la Controverse de la vraye mesure du Cercle. [Controversia de vera circuli mensura].*

En un mot les plus polis et les plus doctes personnages de l'Europe l'ont respecté et honoré comme un oracle.

Guillaume Colletet, Advocat au Parlement de Paris et au Conseil d'Estat et Privé du Roy (4), dans son Histoire des Poëtes François, a exalté en plusieurs endroits la rare suffisance du R. P. Mersenne, mais particulièrement en la Vie de Jacques Pelletier du Mans, docte Medecin, excellent Poëte, et tres consommé dans les Mathematiques :

« Mais dans les sciences eternelles », dit le mesme sieur

(1) L'auteur de cette *Réfutation* n'est pas indiqué dans le *Dictionnaire des ouvrages anonymes* d'Ant.-Alex. Barbier (3e édition, 1879).

(2) Sur Selden, un des éminents publicistes et érudits de l'Angleterre (1584-1654), on trouvera bien des choses dans les trois volumes déjà publiés des *Lettres de Peiresc aux frères Dupuy* (1888-1892).

(3) *Marmora Arundeliana, sive saxa græca incisa* (1629, in-4º). Voir dans le *Manuel du Libraire*, au mot *Marmora*, la description des éditions données, après Selden, par Prideaux en 1676 et par Maittaire en 1732.

(4) Pour Guillaume Colletet, mon vieil ami G. Colletet, en la compagnie duquel j'ai jadis passé tant de bonnes journées à la Bibliothèque du Louvre, je demande la permission de renvoyer à l'*Introduction* mise en tête des *Vies des poëtes Gascons* extraites du manuscrit original si déplorablement détruit par les incendiaires de la Commune (Auch, 1865, grand in-8º).

Colletet, « nous possedons aujourd'huy deux hommes qui scavent exactement tout ce qu'ont sceu Eudoxe et Hipparchus, ces deux fameux Antagonistes, qui se sont mesme en cela rendus les rivaux d'Euclide, et les légitimes successeurs de Ptolomée (*sic*) ; j'entends parler du R. Pere Marin Mersenne, Religieux Minime, et Pierre Gassendi, esprits qui malgré l'ignorance du siecle nous representent en quelque sorte ces deux fameuses et durables colonnes animées, qui malgré les eaux du deluge universel conservent au monde tous les arts et toutes les sciences, où ils excellent comme à l'envy l'un de l'autre. De sorte que je puis dire d'eux avec verité, que par leur haute suffisance ils n'ont pas moins merité des François que le vieux Berose de Chaldée merita des Atheniens, qui prirent le soin de luy eriger dans leurs Escoles publiques une statuë d'un metail precieux et dont la langue mesme estoit d'or. O heureux siecle, o heureux Empire, où la vertu estoit si noblement recompensée ! mais outre ces belles et profondes connoissances que possede le Pere Mersenne, je louë encore en luy l'ardente passion qu'il a pour nostre Poësie Française, jusques à nous solliciter instamment d'accorder nos saintes chansons à la lyre de David, et à preparer à nos vers une douce et melodieuse harmonie. Les lettres qu'il m'a écrites sur ce sujet sont des tesmoignages glorieux et visibles de ses genereux sentimens, et de sa grande affection envers les Muses ».

Monsieur de la Mothe le Vayer, Historiographe du Roy (1), adresse son discours sceptique sur la Musique (2), à nostre R. P. Marin Mersenne, comme j'ay remarqué en deux endroits de ce discours.

(1) Voir la savante brochure de M. René Kerviler : *Françoys de La Mothe Le Vayer, précepteur du duc d'Anjou et de Louis XIV. Etude sur sa vie et sur ses écrits* (Paris, 1879, grand in-8°).

(2) Le *Discours sceptique sur la Musique* fut publié à la suite du *Petit discours chrestien de l'immortalité de l'âme* (Paris, 1637, in-8). Réimpression à Paris en 1640 et en 1641, in-8°.)

Au premier : « Que si pour vous complaire, mon R. P., nous descendons de cette consideration generale au particulier de la Musique, sur laquelle je reconnois que vous avez eu des pensées si relevées, que l'antiquité ne nous en fournit point de pareilles, nous n'y trouverons neantmoins pas moins peut-estre de sujets de douter, et de matière à faire valoir nos considérations Sceptiques, qui regardent l'incertitude de ce qui semble tomber par l'intervention des sens sous nostre entendement. Car puisque vos profondes reflexions sur cette charmante partie des Mathematiques, ne laissent aucune esperance d'y pouvoir rien adjouster à l'avenir, comme elles ont surpassé de beaucoup tout ce que les siècles passez nous en avoient donné, que pouvez-vous attendre de moy, et de ma façon de philosopher qui vous est assez connuë, que des doutes et des irresolutions, dont le genie, qui me possede, ne fait pas moins d'estat souvent que des plus celebres axiomes et des plus arrestées maximes de l'Eschole? Je sçay bien que c'est temerité à moy de vous envoyer si peu de chose, mais puisque les obligations, que vous avez acquises sur moy, m'ostoient la liberté du refus, j'ay crû le crime bien plus grand de vous resister avec ingratitude, que d'estre simplement trop hardy en vous obeïssant. On dedie tous les jours assez de choses petites dans vos Temples, que la bonne intention et la saincteté du lieu fait estimer, je me promets que l'une et l'autre consideration opereront icy de mesme ».

Au second : « Vous n'aurez autre chose de moy sur ce sujet, mon R.-P., que ce peu suffisant à mon advis pour satisfaire sceptiquement à mon premier dessein, puisque la belle et rare façon dont vous avez traitté la Musique, ne me laisse que ce seul moyen d'en dire quelque chose après vous. Je n'ay pas fait difficulté de me joüer avec vous des façons de discourir ou moyens de l'Epoche, sçachant bien que vous ne les avez jamais improuvez dans les limites des Sciences humaines, et que vous n'avez nulle part blasmé la Sceptique, lorsque respectueuse vers le Ciel, et captivant son raisonnement sous l'obeissance de la Foy, elle s'est contentée d'attaquer l'orgueil des Dogmatiques par l'incertitude de leurs disciplines ».

Monsieur Gassendi, Prevost de l'Eglise de Digne et Professeur du Roy, au livre V de la Vie de cet homme illustre Nicolas Claude Fabry, Seigneur de Peiresc, conseiller au Parlement d'Aix, parle souvent avec honneur du P. Mersenne, et luy donne ce bel eloge, quand il louë ce digne Senateur, l'honneur de la Provence, pour la faveur qu'il portoit aux hommes de lettres, remarquant comme il leur prestoit les Livres de sa Bibliotheque, qui estoit l'une des meilleures et des plus curieuses, non-seulement de la France, mais de l'Europe :

« *Insigne volumen circa theoriam Musicis, misit primum ad Donium, ac deinceps addito volumine Arabico, cum elegantissimis figuris, ad Marinum Mersennum ex Minimorum ordine, virum eximie bonum, doctum, curiosum, et in illustranda natura religionisque veritate indefessum* (1).

« Il envoya premierement un volume de la Theorie de la Musique à Monsieur Doni, et depuis le mesme volume et un autre en langue Arabesque avec des figures exactement travaillées au P. Marin Mersenne, de l'Ordre des Minimes, personnage remply d'une grande bonté, docte, curieux, et infatigable quand il s'agissoit de s'employer à éclaircir et mettre au jour les veritez de la Religion, et les secrets de la Nature ».

Jean Jaques Bouchard, Parisien (2) dans l'Oraison funebre qu'il fit à Rome le 21 de decembre 1637 dans l'Academie des Humoristes en l'honneur du mesme seigneur de

(1) Cette citation est tirée du livre V de la *Vie de Peiresc* (p. 450 de l'édition de la Haye, 1651). Voir encore en ce même livre V les p. 472-474.

(2) Voir le fascicule III des *Correspondants de Peiresc* : *Lettres de Jean Jacques Bouchard écrites de Rome* (1633, 1637), Paris, 1881.

Peiresc (1), et en la presence des cardinaux François et
Antoine Barberin, Bentivole, de la Cueva, Bisci, Pamphilio
(aujourd'hui nostre S. Pere le Pape Innocent X), Pallote,
de Branças, Aldobrandin et Borghese, et de plusieurs sçavans
hommes qui demeurent en cette ville capitale, non seulement de l'Italie, mais de la chrestienté et du monde : après
avoir loué plusieurs amis de ce docte conseiller du Parlement de Provence, lesquels sont illustres non seulement par
leur sçavoir, mais aussi par les premieres Charges du
Conseil et des cours souveraines de ce royaume, qu'ils exer-
cent si dignement, il dit ces paroles en faveur de nos
François qui font profession des belles lettres, entre lesquels
il donne place au P. Mersenne :

« *Sirmondum relinquo, Petavium, Morinum, Mersennium,
Burdelotium et Valesium, aliosque innumerabileis, ex
summa doctrina præclarissimique suis scriptis, maxime
claros.*

« Je laisse Sirmond, Petau, Morin, Mersenne, Bourdelot et
Valois, et une infinité d'autres qui sont celebres et renommez
par leur grande doctrine et par leurs illustres écrits ».

Monsieur Ismael Boulliau, Prestre (2), qui demeure chez
Monsieur de Thou en des Notes sur Theon de Smyrne,
page 269 (3) :

« *Experientia insuper docuit tonorum divisionem in
partes æquales symphoniam accuratiorem efficere, et sua-*

---

(1) Voir une note bibliographique — que j'ai cherché à rendre aussi
complète que possible — sur les diverses éditions de l'éloge funèbre de
Peiresc par Bouchard à la page VII de l'*Avertissement* du fascicule susdit.

(2) Boulliau, suivant la plupart des biographes, naquit à Loudun en
1605, mais la *Gazette* du 4 décembre 1694 lui donne 87 ans au moment
de son décès (25 novembre, à l'abbaye de Saint-Victor), ce qui mettrait sa
venue au monde en 1607 seulement.

(3) *Theonis Smyrnæi mathematica*, en grec et en latin (Paris, 1644,
in-4°).

viorem : divisa que tota octava in duo decim æqualia semi-
tonia in organorum systemate, melius inter se consonare
sonos. De quibus legendus R. P. Marinus Mersennus in
tractatu de organis, libro harmoniæ Universalis.

« Au reste l'experience a appris que la division des tons
en parties égales rend l'accord plus parfait et plus doux : et
toute l'octave estant divisée en douze demi-tons égaux dans
le systeme des orgues, les sons rendent entre eux des consonances plus parfaites. Et sur ce sujet il faut lire le R. P.
Marin Mersenne en son Traité de l'Orgue dans son Harmonie
Universelle ».

Le mesme en ses Prolegomenes de l'Astronomie philolai-
que (1), où il parle l'Harmonicon celeste de Monsieur Viete :

« *Opus ipse conscripserat, cujus titulus fuit Harmonicon*
Cœleste, quod vir illustriss. Petrus Puteanus utendum olim
dederat P. Marino Mersenno Religioso Ordinis Minimorum,
ut ipsius cupiditati, qua res novas ac non vulgares appetit,
morem gereret.

« Il avoit composé un œuvre intitulé l'Harmonicon celeste,
que Monsieur du Puy a autres fois presté au P. Mersenne,
Religieux de l'Ordre des Minimes, pour satisfaire à la curiosité, par laquelle il recherchoit les choses rares et nouvelles ».

Gabriel Naudé, Parisien, prieur d'Artige, chanoine de
Verdun et Bibliothécaire de Messieurs les cardinaux de
Bagni, Antoine Barberin et Mazarin, en sa question du destin
et du terme dernier de la Vie, page 265 de l'edition in
octavo (2), luy donne aussi ce bel eloge :

« *Satis habeo illud probabiliter ostendisse, quod Marinus*
Mersennius et Petrus Gassendus, viri publico hominum

(1) *Astronomia philoloica* (Paris, 1645, in-fᵒ.).
(2) *De fato et fatali vitæ termino* (Paris, 1635, in-8ᵒ.).

*bono, et nobiliorum disciplinarum incremento nati, novis
gravibusque argumentis demonstrarunt : scilicet totum id
quod Astrologorum arte continetur, nulla neque ratione,
neque observatione fulciri, etc.*

« Ce m'est assez d'avoir monstré cecy par des raisons pro-
bables. Ce que Marin Mersenne et Pierre Gassendi, personnes
nées pour le bien public et pour l'accroissement des sciences
les plus nobles ont prouvé solidement avec des raisons tres
puissantes et nouvellement reconnuës : que ce qui est con-
tenu dans l'Astrologie n'est appuyé d'aucune raison ny experience ».

Le mesme en son Jugement de cet excellent Medecin et
Mathematicien Milanez Hierôme Cardan (1) met nostre P.
Mersenne dans le second ordre des bons esprits :

« *Secundus autem eos complectatur, qui longius adhuc
per scientiarum varietatem provecti sunt, Ciceronem nempe,
Plutarchum, Plinium, Vivem, Gesnerum, Bodinum, Patri-
cium, Mazzonium, Allatium, Mersennium, Donium, et id
genus alios.*

« Le second lieu des esprits doit comprendre ceux qui ont
fait un plus grand progrez dans la diversité des sciences,
comme Ciceron, Plutarque, Pline, Vives, Gesner, Bodin,
Patrici, Mazzono, Leon Allatio, Mersenne, Doni, et autres
semblables ».

Le mesme en son jugement d'Augustin Niphus, de Sessa
au Royaume de Naples, le premier philosophe de son
temps (2) :

« *Neque adeo nostris Gallis sum iniquus, ut nesciam aut
dissimulare velim, extitisse nuper inter illos celeberrimi*

(1) *De Hieronymo Cardano Judicium* (Paris, 1643, in-8°.).
(2) *De Augustino Nipho philosopho judicium* (Paris, 1645, in-4°.).

nominis philosophum Joannem Crassotium, et nunc reperiri Gassendum, Mersennium, Bullialdum, Descartium, Belriguardum, qui subtilioris et inquisitioris philosophiæ dignitatem asserere a contemptu, eamque faustis ominibus, in reliquarum scientiarum arcem inferre possint.

« Je ne suis pas si contraire à nos François, que je veuille ignorer ou dissimuler que nagueres il a paru parmy eux avec éclat un Philosophe tres celebre, je veux dire Jean Crassot, et qu'aujourd'huy nous avons encore un Gassendi, un Mersenne, un Bouilliau, un Des Cartes, un Beauregard, qui sont capables de deffendre l'honneur et la gloire de la plus subtile et de la plus curieuse philosophie, et la conduire heureusement dans le Palais des sciences ».

Jean Cecile Frey, Medecin et Professeur celebre en Philophie dans l'Université de Paris (1), en son chemin nouveau et tres facile pour arriver aux sciences divines, aux arts et à la connoissance des langues (2) :

« *Artium autem nomina omnium non aliunde magis disces, quam vel ex libello nostro hac de re edito, cui inscriptio, Artes et scientiæ ordine et cura distributæ et definitæ : vel (saltem quoad Mathematicas) ex Religiosorum doctissimo et omniscio Mersenno.*

« C'est à dire, que pour les noms de tous les Arts vous ne les pourrez pas mieux apprendre, que de nostre petit livre mis en lumière sous ce titre : *les Arts et les sciences ordonnées et définies*, ou bien pour celles qui regardent les Mathematiques, que de celuy qui n'ignore rien, le P. Mersenne, le plus sçavant des Religieux ».

----

(1) J.-C. Frey, né dans le pays de Bade, mourut de la peste a Paris à l'hôpital de Saint-Louis, le 1ᵉʳ août 1631. Voir sur ce médecin et professeur les *Mémoires* de l'abbé de Marolles qui avait étudié sous lui au collège de Montaigu. On peut en rapprocher de curieuses pages du *Mascurat* (p. 276-278).

(2) La dernière édition est de Iéna, 1674, in-12.

Le R. P. Theophile Reynault (*sic*), de la Compagnie de Jésus (1), en sa Triade de trois Patriarches de Religions (*Trinitas Patriarcharum*) (2), sçavoir S. Bruno, fondateur des Peres Chartreux, S. François de Paule des Peres Minimes, et S. Ignace de Loyola, des Peres Jesuites, page 395, est le Panegiriste de ce Religieux par ces paroles :

« *Marinus Mersennus, gurges disciplinarum omnium, et monstrosæ scriptor varietatis, quem præsens ævum suspicit, posteritas cum stupore venerabitur, sed parcamus superstiti modestiæ* ».

« Marin Mersenne, qui est un abysme de toutes les sciences, qui a écrit une prodigieuse diversité de matières, que ce siècle regarde avec admiration, et que la posterité respectera avec estonnement. Mais il ne faut pas offenser la modestie d'un homme vivant ».

Il estoit visité ordinairement par plusieurs Prelats, Princes, Seigneurs, Theologiens, Conseillers, Medecins, Mathematiciens et Poëtes excellens dont les noms sont celebres par leur sçavoir, et par l'amour qu'ils portent aux belles lettres.

Entre les Ecclesiastiques j'ay remarqué Monseigneur le Cardinal François Barberin, qui a esté Legat du Pape Urbain VIII en ce Royaume près du feu Roy de France et de Navarre Louis XIII dit le Juste (3) ; Messieurs François de Harlay,

---

(1) Le P. Théophile Raynaud, né en 1583 à Sospello (comté de Nice), mort octogénaire à Lyon, est un des plus féconds et des plus singuliers écrivains qui aient jamais existé. Ses œuvres remplissent vingt volumes in-f° et encore a-t-il laissé bien des pages inédites, notamment son autobiographie conservée à la Bibliothèque Nationale et que j'ai eu l'occasion de signaler en publiant, dans le *Bulletin du Bouquiniste* (1863), deux de ses lettres à Pierre de Marca. Rappelons que, dans le tome III des *Mélanges* de la Société des Bibliophiles français (1825) ont paru des lettres de Th. Raynaud et de Pierre Chanut à Mersenne.

(2) Lyon, 1647, in-8°. Voir le texte complet dans l'immense article des PP. de Backer et Sommervogel sur leur confrère Raynaud (t. III, col. 63).

(3) Francesco Barberini, neveu du pape Urbain VIII, naquit le 23 sep-

Archevesque de Rouen et Primat de Normandie (1) ; Charles
de Monchal, Archevesque de Tolose (2) ; feu Monsieur Louis
Bretel, Archevesque d'Aix (3) ; feu Monsieur Gabriel de
Laubespine , Evesque d'Orleans (4) ; feu Monsieur Jean
Jaubert de Barrault, Evesque de Bazas et depuis Arche-
vesque d'Arles (5) ; feu Monsieur Gilles de Souvré, Evesque

tembre 1597, devint cardinal le 22 octobre 1623, fut légat en France et en
Espagne, vice-chancelier de l'Eglise, évêque d'Ostie et de Veletri, et
mourut doyen du Sacré Collège le 10 décembre 1679. On lui a donné ce
double et grand éloge qu'il fut le père des pauvres et le protecteur des
lettrés. Son nom revient presque à chaque page de la Correspondance de
Peiresc avec les frères Dupuy. Le cardinal fut lui-même un des fidèles
correspondants de mon héros.

(1) François de Harlay né à Paris en 1585 (de Jacques de Harlay, seigneur de Chanvallon, un des nombreux amis de la reine Marguerite),
devint archevêque de Rouen en octobre 1615 et mourut en décembre
1651. Son souvenir doit être salué tout particulièrement des bibliophiles,
à cause des précieuses publications que le prélat fit imprimer à très petit
nombre d'exemplaires dans son beau château de Gaillon.

(2) Charles de Montchal, né en 1589 à Annonay, fut nommé archevêque
de Toulouse en 1627 et mourut à Carcassonne le 22 août 1652. Deux
excellents érudits, M. Muntz et M. Léon G. Pélissier ont successivement
publié diverses lettres inédites de ce prélat qui, grand travailleur lui-
même, favorisa beaucoup les travailleurs. Aux documents publiés par mes
deux zélés devanciers j'ajouterai quelques lettres que Peiresc écrivit à
Montchal, lequel est mentionné bien souvent dans la correspondance avec
les frères Dupuy.

(3) Archevêque d'Aix de 1630 à 1645. Encore un personnage qui figure
souvent dans cette même correspondance, Peiresc ayant eu d'affectueuses
relations avec ce bon voisin.

(4) Voir le fascicule VII des *Correspondants de Peiresc* qui est consacré
à ce savant prélat (Orléans, 1883). Son nom se retrouve maintes fois dans
les lettres aux frères Dupuy. Du reste, disons-le d'une façon générale,
presque tous les personnages qui furent les correspondants du P. Mersenne furent au nombre des correspondants de Peiresc et, par conséquent,
ont leur nom fréquemment inscrit dans les trois in-4° déjà publiés et dans
le quatrième qui paraîtra peu de temps après ces pages, s'il ne les précède.
Aussi me dispenserai-je , pour éviter l'encombrement de notes inutilement
allongées, de renvoyer chaque fois mon lecteur à l'abondante source où
tous les curieux trouveront à se désaltérer.

(5) Voir l'éloge que fait de son érudition, de sa vertu, de sa piété, de sa
prudence, Gassendi racontant l'entrevue de ce prélat avec Peiresc à Arles

de Comminges et depuis d'Auxerre (1) ; Monsieur Jean Plantevit de la Pause, Evesque de Lodève (2) ; Monsieur Estienne Puget, Evesque de Dardanie, à present de Marseille (3) ; feu Monsieur Henry de Sponde, Evesque de Pamiez (4) ; Monsieur Antoine Godeau, Evesque de Grasse et de Vence (5) ; Monsieur Isaac Habert, Evesque de Vabres et Docteur de Sorbonne (6) ; Mr Louis de Bassompierre,

en 1636 (Livre V, p. 475). Michel de Marolles (*Dénombrement*, p. 235), assure que Jaubert de Barrault (rappelons qu'il était né non loin de la Garonne) « disoit avoir appris le grec en six mois. » Mais l'avait-il bien appris et le savait-il mieux que l'abbé de Villeloin, lequel ne le savait guères?

(1) Gilles de Souvré fut aussi trésorier de la Sainte-Chapelle de Paris, abbé de Saint-Florent de Saumur ; il mourut le 19 septembre 1631. C'était le frère du maréchal de Souvré.

(2) Jean Plantavit de la Pause, né en 1576 au château de Macassargue, mort en 1651 au château de Margon, fut évêque de Lodève en 1625 et publia, en 1634, une chronique des évêques, ses prédécesseurs. C'était un très docte hébraïsant. Voir ce qu'en a dit M. Jules Dukas dans ses savantes additions à ma notice sur Salomon Azubi, rabbin de Carpentras (fascicule IX des *Correspondants de Peiresc*, 1885, p. 14-16.)

(3) Sur Etienne de Puget, qui siégea de 1643 à 1668, voir l'*Armorial et Sigillographie des évêques de Marseille avec des notices historiques* par le chanoine Albanès (Marseille, 1884, in-f°, p. 161-163).

(4) Voir les *Annales de Pamiers* par J. de Lahondès (Toulouse, 1884, 2 vol. in-8°) où l'on trouvera, avec des lettres du docte continuateur de Baronius à Christophe Dupuy et à Peiresc, une bonne notice sur l'épiscopat de Henri de Sponde (tome II, p. 95 et suiv.).

(5) Sur Godeau il y aurait trop à citer ; je me contenterai de renvoyer à une notice où récits et documents anciens et nouveaux sont parfaitement utilisés et résumés, notamment les récits de Victor Cousin et de l'abbé Tisserand, les documents de recueil Conrart (à l'Arsenal), etc. : *Antoine Godeau, évêque de Grasse et de Vence, l'un des fondateurs de l'Académie française. Etude sur sa vie et ses écrits* par René Kerviler (Paris, 1879, grand in-8°). Ai-je besoin d'ajouter que le nom de Godeau brille à presque toutes les pages du recueil des *Lettres de Jean Chapelain* (à commencer par la première) ? Voir aussi (un peu partout) les *Lettres inédites de Guez de Balzac* dans les *Mélanges* de la *Collection des documents inédits*. (Imprimerie Nationale, in-4°, 1873.)

(6) Isaac Habert, évêque de Vabres en 1645, mourut en 1648, les uns disent en janvier, les autres en septembre. Sur le poëte comme sur le prosateur, voir l'article du *Moréri* qui est complet en une colonne. Ajoutez-y divers passages du tome I des *Mémoires* du P. René Rapin,

Evesque de Xaintes (1) ; feu Mr Scipion d'Aquavive d'Arragon, Duc d'Atrie, chanoine de Saint-Pierre de Rome et Abbé de St Arnoul de Metz (2) ; Monsieur André du Saussay, Official et Grand Vicaire de Monseigneur l'Archevesque de Paris, nommé par le Roy à l'Evesché de Toul (3) ; feu Monsieur Nicolas Fabry de Peresc *[sic]*, Abbé de Sainte-Marie de Guitres en Aquitaine, et conseiller du Roy en sa Cour de Parlement de Provence ; Monsieur de Réfuge, Abbé de S. Cybar d'Angoulesme et Conseiller du Roy en sa Cour de Parlement de Paris (4) ; Monsieur César d'Estrée, Abbé de Notre-Dame de Longpont (5) , Monsieur l'Abbé de Chambon, de la Maison de Hay en Bretagne, Docteur en théologie

publiés par M. Léon Aubineau (Paris, Gaume, 1865, 3 vol. in-8°). Puisque j'ai cité ces mémoires, où les renseignements abondent et surabondent en ce qui regarde presque tout le XVIIe siècle, je dirai qu'on y trouvera force choses sur plusieurs des personnages énumérés par H. de Coste, tels que Fr. Barberini, J.-J. de Barraut, Jean Caramuel, Ph. de Gamaches, Antoine Godeau, Fr. de Harlay, Ch. de Montchal, etc.

(1) On sait que ce fils naturel du très galant maréchal de Bassompierre et de la non moins galante Charlotte-Marie de Balsac d'Entragues, fut nommé évêque de Saintes en 1648 et mourut dans la nuit du 30 juin au 1er juillet 1676. Le dernier éditeur des *Mémoires* du maréchal, le marquis de Chantérac, a rappelé (tome IV, p. XXI de la *Notice historique et bibliographique*) l'éloge donné à l'évêque de Saintes par Mme de Sévigné, le jour même du décès de ce prélat, et par la *Gazette*, le 4 du même mois.

(2) Ce Scipion n'est pas mentionné dans la généalogie *Aquaviva* du *Dictionnaire de Moréri* (tome I, p. 220-223).

(3) André du Saussay naquit à Paris, où il occupa la cure de Saint-Leu avant d'être nommé évêque de Toul (1649) ; il mourut le 9 septembre 1675. Tout le monde connaît, au moins de réputation, son immense et savant travail : *Martyrologium Gallicanum* (1637, 2 vol. in-fol.).

(4) Henri de Reffuge, seigneur de Prées, naquit à Lyon ; il fut nommé conseiller au parlement de Paris en 1624, fut ordonné prêtre en 1640, et mourut à Paris le 11 août 1688; il était non-seulement abbé de Saint-Cybar, mais aussi abbé de Morigny.

(5) César d'Estrées, fils du maréchal-duc d'Estrées. né en 1628, fut sacré évêque de Laon en septembre 1655, devint un des quarante en 1657, cardinal en 1671 , il mourut le 19 décembre 1714 à Saint-Germain-des-Prés, dont il était abbé depuis 1703.

de la Faculté de Paris (1) ; et de plusieurs autres Docteurs de cette mesme sacrée Faculté, sçavoir Messieurs Chastelain, chanoine de Nostre-Dame de Paris (2) ; Chapelas, curé de S. Jacques de la Boucherie ; Perreret, Grand Maistre du Royal College de Navarre (3) ; Frizon, docteur de la mesme Maison ; Conseiller et Aumosnier du Roy, qui a écrit en Latin les vies des Eminentissimes Cardinaux François sous le titre de LA GAULE POURPRÉE *(Gallia purpurata)* (4); Jean de Launay, Docteur de la mesme maison (5) ; Bandel, Docteur de Sorbonne ; Bachelier, Docteur de la mesme Maison ; Monsieur Pierre Gassendi, prevost de l'Eglise de Digne, connu par toute l'Europe par son sçavoir ; feu Monsieur Jean de Cordes, chanoine de Limoges (6) ; Monsieur Jacques Pradier, Abbé de Nostre-Dame la Blanche dans

(1) C'était le frère cadet de l'académicien Paul Hay du Chastelet ; il portait le prénom de Daniel ; il naquit le 23 octobre 1596, obtint jeune encore l'abbaye de Chambon en Poitou, devint membre de l'Académie française en 1635 et mourut en 1671. Voir dans *La Bretagne à l'Académie française* (première série, seconde édition), une excellente étude spéciale sur Daniel Hay du Chastelet.

(2) François-Ithier Chastelain, né à Bourges en 1578, fut nommé en 1616 chanoine de Notre-Dame, et mourut le 17 novembre 1660. Il ne faut pas le confondre avec un de ses homonymes et confrères, Claude Chastelain, le docte chanoine auquel on doit le *Martyrologe* (1705, in-4°), mort en 1712. Fr. I. Chastelain ne fut célèbre que comme médecin des pauvres : il aimait à appliquer de ses propres mains, sur leurs plaies, des onguents dont il était l'inventeur. On se plait à croire qu'en lui l'habileté du pharmacien égalait le zèle de l'infirmier.

(3) C'était Jacques Pereyret, né en Auvergne, mort le 15 juillet 1658 à Clermont où il était chanoine, vicaire général et official. Au collège de Navarre il eut l'insigne honneur d'avoir pour élève celui qui devait être le plus éloquent des orateurs : tout le monde a nommé Bossuet.

(4) Première édition, 1629, in-f° ; seconde édition fort augmentée, 1638. Pierre Frizon (né dans le diocèse de Reims, mort en 1651), fut le biographe et aussi le continuateur de Henri de Sponde, continuateur lui-même de Baronius. (Paris, 1659).

(5) L'hypercritique Jean de Launoy, l'historien du collège de Navarre, *le dénicheur de Saints,* mourut à Paris le 10 mars 1678, âgé de 75 ans.

(6) Voir sur le *Chanoine-Bibliophile* une note du fascicule XVI des *Correspondants de Peiresc. Fr. Luillier,* p. 19.

l'Isle de Noirmoustier ; feu Claude Robert, Chanoine de Châlon (1) ; Monsieur de Nesmes, Chanoine et Theologal de Saint-Sauveur d'Aix (2) ; feu Monsieur de Gautier, Prieur et Seigneur de la Valette en Provence (3) ; feu Monsieur Simon de Muys, chanoine de Soissons et Professeur du Roy en la langue sainte dans l'Université de Paris (4) ; Monsieur le Jay, Doyen de Vezelay et Conseiller d'Estat, qui a fait imprimer avec une grande despense la Bible en Hebreu et en autres langues Orientales (5) ; le R. P. Guillaume Gibieuf, Docteur de Sorbonne et Prestre de l'Oratoire (6) ; le R. P. Jean Morin de Blois, aussi prestre de la Congregation de l'Oratoire de Notre-Seigneur Jesus-Christ (7) ; les Reverends

(1) Le premier auteur, et, en quelque sorte, le grand-père du *Gallia Christiana* actuel.

(2) On conserve dans la bibliothèque de Carpentras (collection Peiresc, registre V des minutes, f° 511-512), deux lettres à M. de Nesme, une du 4 novembre 1635, l'autre du 3 janvier 1636.

(3) Voir le fascicule IV des *Correspondants de Peiresc : Joseph Gaultier, prieur de la Valette* (Aix, 1881). Le nom de cet habile mathématicien reparaît souvent dans les *Lettres de Peiresc aux frères Dupuy*, et reparaîtra plus souvent encore dans les *Lettres de Peiresc à Gassendi*, les confrères en astronomie du vicaire général de trois archevêques d'Aix.

(4) Ce docte hébraïsant naquit en 1587 à Orléans et mourut en 1644 à Paris. Voir Goujet, *Mémoire sur le collège royal de France*, tome I, p. 328-338.

(5) Guy-Michel Le Jay, d'abord avocat au parlement de Paris, mort le 10 juillet 1675. On l'a souvent pris pour le président Le Jay. La grande Bible polyglotte qu'il fit imprimer en dix volumes in-f° par A. Vitré, parut en octobre 1645. Cette belle entreprise le ruina, mais l'honneur vaut mieux que l'argent. Le Jay, qui a été un des correspondants de Peiresc, est souvent mentionné dans les lettres soit publiées, soit inédites, du bibliophile qui appréciait tant son zèle généreux, son dévouement à la science.

(6) Guillaume Gibieuf, de Bourges, docteur de Sorbonne en 1612, puis vicaire général du Supérieur de l'Oratoire, le cardinal de Bérulle, des œuvres duquel il devait donner avec le P. Bourgoing, la première édition, mourut à Saint-Magloire le 6 juin 1650. Il était ami de Descartes non moins que de Mersenne.

(7) Sur le R. P. Jean Morin, né à Blois en 1591, mort à Paris le 28 février 1659, voir un excellent article dans l'*Essai de bibliographie oratorienne*, par le R. P. Ingold (Paris, 1882, grand in-8, p. 112-116.

Pères Jacques Sirmond, confesseur du feu Roy Louis XIII, Pierre Bourdin, Jean Phelipeaux et Jean François, tous sept de la Compagnie de Jesus et celebres par les livres qu'ils ont mis en lumière (1); le P. Thomas Campanella, Calabrois, Theologien de l'ordre de Saint-Dominique (2); Dom Jean de Vassan, dit de Saint-Paul, de l'Ordre des Peres Feüillans (3); le feu Pere Dominique de Jesus, de l'Ordre des Carmes Deschaussez; le P. Louis Jacob, dit de Saint-Charles, de l'Ordre des Carmes, Conseiller et Aumosnier ordinaire du Roy; les RR. Pères Jacques Bolduc et Joseph de Morlaix, de l'Ordre des Capucins; Dom Martin Marrier, Religieux Benedictin et Prieur clostral du Monastere de Saint-Martin des Champs, assez connu par les livres qu'il a donnez au public (4); Dom Michel Bauldri, Manceau, aussi Religieux de l'Ordre de Saint-Benoist de l'Abbaye de Notre-Dame d'Euron, et Grand Prieur de celle de Lagny, qui a écrit un livre des Ceremonies de l'Eglise (5); les Pères Artus du Moustier, et Leonard Duliris, de l'Ordre des Recolets; Monsieur Fremart, Maistre de la Musique de Nostre-Dame

Manuale sacrarum ceremoniarum juxta ritum romanum.

(1) Sur ces divers jésuites, voir la *Bibliothèque des écrivains de la Compagnie de Jésus*, où les articles sur le P. Petau et sur le P. Sirmond, sont particulièrement intéressants (tome II, col. 1891-1900; tome III, col. 801-814).

(2) Tout a été dit sur Fra Tommaso Campanella dans la considérable monographie préparée avec tant d'amour et de savoir par M. Luigi Amabile (Naples, 1882-1887, 5 vol. grand in-8). Le fervent biographe n'a pas plus négligé les documents français que les documents italiens et, parmi les premiers de ces documents, il a consulté avec autant de soin les manuscrits d'Aix et de Carpentras que ceux de Paris. Aussi son nom restera-t-il à jamais attaché au nom de son héros.

(3) Jean de Vassan, d'abord ministre protestant, puis moine feuillant, mourut fort âgé vers 1641; il est surtout connu pour avoir recueilli de la bouche de Joseph Scaliger les boutades et remarques qui ont constitué le premier *Scaligerana*.

(4) Dom Martin Marrier, né le 4 juillet 1572 à Paris, mort en cette ville le 26 février 1644, est l'auteur d'un ouvrage, qui encore de nos jours, est consulté avec profit: *Bibliotheca Cluniacensis* (1614, in-f°).

(5) Malgré ce livre (Paris, Billaine, 1637, in-8, et seconde édition augmentée, même ville, même libraire, 1646, in-4°), Michel Bauldry, grand

de Paris, fort estimé pour la composition ; feu Monsieur
Abraham Blondet, Sous-Chantre de la mesme Eglise ;
Monsieur Boulliau, Prestre, excellent Theologien, Philo-
phe et Mathematicien ; Monsieur Michel du Chesne, parisien, professeur en Philosophie en la Royale Maison de
Navarre, tres exact dans ses Recherches des Secrets de
l'Art et de la Nature, avec lequel il a fait quantité d'experiences, tant en France qu'en Italie (1) ; Monsieur Joseph
Voisin, prestre, Conseiller et Aumosnier de Monseigneur
Armand de Bourbon, Prince de Conty, natif et issu d'une
bonne famille de Bordeaux, tres sçavant aux langues
Hébraïque et Grecque, comme il a faict paroistre dans son
livre de la Theologie des Hebreux et autres Traitez (2) ; Monsieur Rebours, Prestre, auquel il a dedié l'un de ses
livres (3) ; Monsieur Bonard, Prestre, Aumosnier de feu
Monseigneur André Fremiot, Ancien Archevesque de
Bourges, sçavant en la Medecine et en la Philosophie, avec
lequel il a fait diversité d'experiences ; Monsieur Germain
Habert, Abbé de Cerisy, qui a écrit la Vie de feu Monseigneur le Cardinal de Berulle (4) ; Monsieur l'Abbé de

Theologia he-
brœorum dispu-
tatio theologica
orthodoxa de
Sanctissima Tri-
nitate, etc.

prieur de Lagny et de Maillezais, a été omis dans l'*Histoire littéraire de
la Congrégation de Saint-Maur,* par dom Tassin En revanche, il a trouvé
bonne place dans l'*Histoire littéraire du Maine* (tome I, p. 225-226).

(1) Existe-t-il quelque notice spéciale sur ce vaillant chercheur que nos
recueils biographiques semblent tous avoir laissé de côté ?

(2) Sur l'orientaliste Joseph Voisin, d'abord conseiller au parlement de
Bordeaux, mort en 1685, voir dans le *Moréri* un article assez ample où
l'on cite les éloges qui lui ont été donnés (sans que l'on ait oublié notre
Hilarion de Coste), par le P. Morin, de l'Oratoire (*Exercitationes biblicœ*),
par Abraham Echellensis *(Histoire des Arabes)*, par Paul Colomiès *(Gallia
Orientalis)*, etc.

(3) Je me demande si c'est là le « nommé Rebours, grand janséniste, »
mentionné par le P. Rapin, *Mémoires,* tome I, p. 238 et tome III, p. 301.
La chronologie ne s'oppose nullement à l'identification, car Antoine
Rebours, né à Paris en 1592, fut ordonné prêtre en 1642 et mourut en
1661 chez le président de Blancmesnil, dont il avait été précepteur.

(4) Et aussi, en un genre bien différent, le poème intitulé : *Métamor-
phose des yeux de Philis en astres.* Paris, 1639, in-8. Voir Pellisson,

Launay, de la maison des Brissonnets ; Monsieur Sublet, Abbé de Vandosme, auquel il a dedié l'un de ses livres de Mathematique ; Monsieur de Longueterre, de la maison des Perrotins de Daufiné, qui a écrit plusieuas bons livres, entre autres, la *Vie* de feu Monseigneur François de Sales, Evesque et Prince de Geneve, et Fondateur de l'Ordre de la Visitation de Sainte Marie, de bienheureuse memoire (1) ; *les Souspirs de Philothée,* et *l'Esclavage de la Vierge ;* Monsieur Thomas, de l'ancienne et de la genereuse race des Trinobants en Angleterre, qui a écrit plusieurs livres, entre autres, *trois Dialogues du monde,* sçavoir de sa matière, de sa forme, et de ses causes (2) ; Mr Abraham Maronite, Docteur en Theologie et en Philosophie, et Interprete du Roy aux langues Syriaque et Arabesque, et Professeur en ces langues là dans l'Université de Paris ; Monsieur Nicolas Forest du Chesne, Professeur en Rhetorique, en Mathematique, en Philosophie et en Theologie, duquel j'ay parlé cydevant parmy les Autheurs qui ont fait honorable mention de ses œuvres ; M^r l'Abbé de Burzeis *(sic)*, assez connu par son sçavoir et ses écrits (3), et une infinité d'autres dont je n'ay pas la connoissance.

Selectæ dissertationes physico-mathematicæ.

Entre les Seculiers j'ay remarqué Monseigneur Louis Emmanuel de Valois, Comte d'Alais, Colonel general de la cavalerie legere de France, Gouverneur pour le Roy en ses

Histoire de l'Académie française, édition Livet, tome I, p. 269-270. Habert mourut, non en 1655, mais quelques jours avant le 6 juin 1654, comme nous l'apprend la *Muse historique* de Loret.

(1) Cet écrivain n'est pas indiqué dans la *Bibliographie biographique* de Ed. Marie Œttinger (Leipzig, 1850), où sous le nom de *Sales* (François de), sont énumérés une vingtaine d'ouvrages spéciaux sur l'évêque de Genève.

(2) Thomas et sa *génereuse race* me sont totalement inconnus.

(3) Amable de Bourzeis, abbé de Saint-Martin-de-Cores, un des premiers membres de l'Académie française et de l'Académie des Inscriptions, naquit à Volvic en 1606 et mourut à Paris le 2 août 1672. Voir sur cet abbé, outre Pellisson et d'Olivet, les *Lettres* de Jean Chapelain, son confrère dans les deux académies.

pays et armée de Provence, et petit-fils du Roy Charles IX, de glorieuse memoire, Prince qui ne caresse pas moins les sçavans que les guerriers. Ce qu'il fait à l'exemple de ce grand et liberal Monarque, son ayeul, et des Rois et des Princes de la Royale Maison de Valois et d'Angoulesme, ses ancestres ; feu Monseigneur Antoine de Bourbon, comte de Moret, fils naturel du Roy Henry le Grand, d'immortelle mémoire (1) ; le feu Prince Christofle, second fils d'Antoine, Roy de Portugal (2) ; M^r le Prince de Guemené, de la tres-illustre maison de Rohan, et M^r le Duc de Luynes (3) ; feu Monseigneur Jean de S. Bonnet, Seigneur de Toiras, Mareschal de France ; M^r le Marquis de Rouillac, de l'illustre maison de Goth, Ambassadeur extraordinaire pour le Roy en Portugal ; Mr Henry de Beringhen, chevalier, seigneur d'Armainvilliers et de Grez, Conseiller du Roy en ses Conseils, et son premier Escuyer ; Don Vasco Louis de Gamma, comte de la Vidiguera, Grand Admiral des Indes

(1) Sur ce personnage, né (de Jacqueline de Bueil) en janvier 1607, et dont la mort reste mystérieuse, voir un excellent petit article dans le *Dictionnaire* de M. Lud. Lalanne. Si l'on voulait plus de détails, on les trouverait dans une notice spéciale de feu G. Bascle de Lagrèze (Bordeaux, 1867, in-8).

(2) Les auteurs de l'*Art de vérifier les dates* se contentent de dire (édition de 1818, in-8, tome VII, p. 26) que le roi Antoine, laissa, en mourant (26 août 1595) deux fils qu'il recommanda au roi Henri IV par son testament, où il l'institua son héritier. Ces deux fils ont fait bien peu de bruit dans l'histoire.

(3) Sur ces deux personnages, comme sur tous ceux qui vont suivre, dont la plupart sont très connus, il me suffira de citer le plus vieux et le plus jeune de nos recueils biographiques, le *Dictionnaire* de Moréri et celui de M. L. Lalanne, et aussi deux ouvrages qui, surtout avec les riches et savantes annotations de leurs éditeurs, les *Mémoires de Bassompierre*, publiés par le marquis de Chantérac, et les *Historiettes* de Tallemant des Réaux, publiées par Paulin Paris, donnent complète satisfaction à toutes les curiosités. Tant que H. de Coste s'est maintenu sur le terrain scientifique et littéraire, j'ai cru devoir le suivre pas à pas. Pourquoi continuer à le suivre au milieu des gens du monde ? Je ressaisirai seulement quelques érudits mêlés à la foule des amis *séculiers* de Mersenne dont le biographe fait le dénombrement avec tant de complaisance.

Orientales et Ambassadeur extraordinaire de Jean IV, Roy
de Portugal et des Algarbes auprès de nostre Roy Tres-
Chrestien Louys XIV, Seigneur doué d'une grande affection
pour l'estude et les sçavans, et le petit-fils du Grand Vasco
de Gamma, premier Conquerant des Indes Orientales, dont
il a esté Admiral et le second Viceroy ; Mr Leon Bouthilier,
comte de Chavigny, et Ministre d'Estat ; M[r] le chevalier
d'Igby, Seigneur Anglois, connu par toute l'Europe par ses
excellentes qualitez, et plusieurs autres Milords et Seigneurs
de ce Royaume là, M[r] le Marquis d'Estampes Valençay,
chevalier, conseiller du Roy en ses Conseils, cy-devant
Ambassadeur pour Sa Majesté près de Messieurs des Estats
des Provinces Unies, frere de feu M[r] le Cardinal de Valençay, et de Monseigneur l'Archevesque de Reims ; feu M[r]
Charles de Laubespine, seigneur de Verderonne et de Stors,
aussi Chevalier et Conseiller du Roy en ses Conseils, et
Garde des Sceaux de Son Altesse Royale, et M[r] son frere
Claude de Laubespine, Baron de Norat, Seigneur qui n'est
pas moins chery des Muses, que vaillant dans le champ de
Mars, qui a en toutes occasions fait voir l'affection qu'il luy
portoit ; M[r] Balthazar Gobelin, Conseiller du Roy en ses
Conseils, cy-devant President en sa Chambre des Comptes ;
M[r] Michel Larcher, Seigneur de la Fortelle, Conseiller du
Roy en ses Conseils, et President en sa Chambre des
Comptes ; Messieurs Gilbert Gaumin (1) ; Lhuillier, Seigneur
d'Orgeval ; Jean Pierre de Montchal ; Henry Louis Habert,
Seigneur de Montmor et de la Brosse (2), conseillers du Roy

(1) Gilbert Gaulmin, né à Moulins en 1585, mourut à Paris en 1665
(8 décembre). Helléniste, orientaliste, poète latin, il fut un des plus distingués de tous les correspondants de Peiresc. Malheureusement, on n'a
que de rares débris de sa correspondance avec un homme qui le goûtait
beaucoup, comme le témoignent plusieurs de ses lettres aux frères
Dupuy, et aussi celles qu'il adressa au philologue lui-même.

(2) Tous ceux qui connaissent Gassendi connaissent son généreux protecteur Habert de Montmor qui mourut, doyen de l'Académie française et
des Maitres des requêtes, le 21 février 1679. Voir la *Gazette* du 6 mars de
cette année-là.

et Maistres des Requestes ordinaires de son Hostel ; il a dedié à Mr de Montmor ses livres de l'Harmonie en Latin ; feu Mr Jean Jacques Barrillon, seigneur de Chastillon sur Marne, Conseiller du Roy en sa Cour de Parlement, et President, en ses Enquestes, auquel il a dédié ses *Phenomenes Ballistiques*, où il explique les jets des boulets ; Mr Jacques Auguste de Thou, Baron de Melay *(sic)*, Conseiller en la Cour de Parlement , et aussi president en la premiere Chambre des Enquestes ; Mr Hierôme Bignon, Conseiller d'Estat et Advocat General en la Cour de Parlement (1) ; Messieurs Lesné, du Bouchet, Seigneur de Bournonville, et Vaideau, Seigneur de Gramon, Conseillers en la mesme Cour ; feu Mr de Broussel, aussi Conseiller du Roy en sa Cour de Parlement et Commissaire aux Requestes du Palais ; feu Mr André le Feure, sieur d'Amboile , Conseiller du Roy en sa Cour de Parlement, et Commissaire des Requestes du Palais, fils aisné de M^r d'Ormesson, Conseiller du Roy en ses Conseils ; Mr Marcel, Seigneur de Bouqueal, Conseiller du Roy en son Grand Conseil, auquel il a dedié ses *Phenomenes Mechaniques* ; Monsieur Bruslard, Seigneur de Saint-Martin, cy-devant Conseiller au Grand Conseil ; Mr de Carcavi Lyonnois, cy-devant Conseiller du Roy en sa Cour de Parlement de Tolose, et au Grand Conseil (2) ; Mt de Fermat , Conseiller au Parlement de Tolose (3) ;

nois, Maistre des Requestes de l'Hostel du Roy, a données au public font paroistre la parfaicte connoissance qu'il a des langues et des sciences.

(1) Jérôme Bignon, né à Paris le 24 août 1589, y mourut le 7 avril 1646. C'est un des rares enfants célèbres dont la prodigieuse précocité n'ait pas abouti à une misérable impuissance.

(2) Pierre de Carcavy, de l'Académie des Sciences, mort en 1684, fut bibliothécaire de Colbert, et à partir de 1663, exerça les fonctions de garde de la bibliothèque du roi, sans avoir le titre officiel. Voir *Le cabinet des manuscrits*, par M. Léopold Delisle (tome I, p. 264). Voir le même ouvrage, inépuisable trésor de renseignements et documents, pour Jérôme Bignon, nommé maître de la librairie du roi en 1642, en remplacement du malheureux François de Thou, et prêtant serment en cette qualité, le 8 mai 1643, (tome I, p. 261.)

(3) Pierre de Fermat naquit à Beaumont-de-Lomagne (Tarn-et-Garonne) en août 1601 et mourut en janvier 1665. Le monde savant attend encore

M^r d'Espagnet, Conseiller en celuy de Bordeaux (1) ; M^r le baron de Rians, de la Maison de Fabry en Provence, Conseiller du Roy en sa Cour de Parlement d'Aix, et feu M^r son Pere Palamedes de Fabry, Seigneur de Valavez, digne frere de feu Mr de Peiresc, duquel j'ay parlé cy-devant ; Mr François Lhuillier, Conseiller du Roy en celuy de Toul ; Mr Nicolas Rigaud [sic], aussi Conseiller au mesme Parlement (dont le nom est celebre par la parfaite connoissance qu'il a des Sciences et de la langue grecque, et pour nous avoir donné les Œuvres du Sçavant Tertullien, et d'autres bons livres) qui l'a obligé, luy prestant plusieurs manuscrits de la Bibliothèque du Roy, quand il estoit Garde de cette Royale Librairie (2) ; comme ont fait aussi Messieurs du Puy, ces deux illustres freres, le Conseiller d'Estat et le Prieur de Saint-Sauveur, (dont les noms seront immortels et des lumieres dans tous les siecles), ayant en toutes occasions fait paroistre l'affection qu'ils luy portoient ; Mr Halé, cy-devant Conseiller du Roy et Doyen des Maistres de sa Chambre des Comptes, auquel il a dedié ses *Remarques sur les Problemes de George de Venize*, et plusieurs autres

une édition complète des œuvres de l'admirable mathématicien, dont le plus compétent des juges, Blaise Pascal, disait : « Celui de toute l'Europe que je tiens pour le plus grand géomètre. »

(1) Voir sur ce magistrat diverses historiettes dans deux chroniques publiées par M. Jules Delpit pour la Société des bibliophiles de Guyenne, la *Chronique* d'Étienne de Cruseau (Bordeaux, 1879, 2 vol. in-8°) et la *Chronique Bordeloise* de Jean de Gaufreteau (Bordeaux, 1878, 2 vol. in-8). Voir encore une note de l'*Inventaire des meubles du château de Nérac en 1598*. (Paris, 1867, p. 27), note où j'ai rappelé que Jean d'Espagnet, dont le savoir a été loué par Bayle, publia en 1616 le *Rosier des guerres*, d'après un manuscrit trouvé à Nérac dans l'ancien cabinet du roi. Nous aimons mieux le président d'Espagnet faisant la chasse aux manuscrits que faisant la chasse aux sorciers, dont il brûla un si grand nombre dans les Landes et le Labourd avec son terrible compère Pierre de Lancre.

(2) Sur Nicolas Rigault, auquel je consacrerai un des prochains fascicules des *Correspondants de Peiresc*, voir, puisqu'il est ici surtout considéré comme garde de la bibliothèque du Roi, le *Cabinet des manuscrits*, tome I, p. 198-200, 261.

livres ; Mʳ Bigot, sieur de Gastines, cy-devant aussi Maistre
des Comptes ; feu Mʳ le Baron d'Arsy, auquel il a dedié l'un
de ses livres ; Mʳ le Chevalier de Montmaigny ; Mʳ de Berville, de la Pommeraye ; Messieurs Querin le Vignon, René
Moreau, Charles Guillemeau, Medecin ordinaire du Roy,
Jacques Cornuti, et Pierre Mersenne, Docteurs en Medecine de la Faculté de Paris, dont trois sont celebres par
leurs écrits (1) ;

Messieurs de la Brosse, de la Chambre, Savot, Tournere
et du Clos, Docteurs de celle de Montpellier ; le feu sieur
Tournere, Medecin de feue Madame la Duchesse d'Orleans,
de Chartres et de Montpensier, et de Madame la Duchesse
de Guyse et de Joyeuse, et le Sieur de la Chambre, Medecin
de Monseigneur le Chancelier qui a laissé dans ses beaux
ouvrages des marques de sa doctrine et de son éloquence (2);
feu Mʳ Savot, Medecin de feu Mʳ le President Jeannin (3).

Ces excellens Mathematiciens Mʳ de Pagan (4) ; Mʳ Bour-

Messieurs
Moreau,
Guillemeau et
Cornuti.

(1) Sur le trio formé par Cornuty, Guillemeau, médecin de Louis XIII,
Moreau, professeur au Collège de France, voir surtout les lettres de leur
confrère Guy Patin (édition Reveillé-Parise) en attendant une meilleure
édition que je ne cesse de demander aux dieux et aux hommes.

(2) Sur Marin Cureau de la Chambre, voir, outre l'*Histoire de l'Académie française*, les lettres de Balzac, celles de Chapelain et les notices
spéciales de M. Henri Chardon et de M. René Kerviler.

(3) Louis Savot, né en 1579, à Saulieu (Côte-d'Or), mourut en 1640 à
Paris. Le bibliographe Weiss a donné (*Biographie universelle*), une liste
complète des ouvrages de Savot, qui ne sont pas seulement, comme on
pourrait le croire, consacrés à la médecine, mais aussi à l'architecture et
à la numismatique. Deux opuscules de Savot sont, l'un très rare, l'autre
introuvable : le premier est le *Discours sur les médailles antiques* (Paris,
1627, in-4°), dont j'ai vu un exemplaire à la Méjanes d'Aix dans un recueil
de pièces diverses ; le second est le *Discours sur la statue du grand roi
Henri au Pont-Neuf* (sans date), que je n'ai jamais vu et qui, si je ne me
trompe, n'a jamais été vu par personne.

(4) Blaise-François, comte de Pagan, né à Avignon le 3 mars 1604,
mourut à Paris le 18 novembre 1665. Voir son éloge dans les *Hommes
illustres* de Perrault et dans le *Dictionnaire biographique du département de Vaucluse* par le docteur Barjavel. Mais le plus grand éloge à lui
donner, c'est de dire simplement qu'il fut le maître de Vauban.

din, Seigneur de Villaines ; Mʳ Claude Mydorge, Tresorier
general de France à Amiens (1) ; Mʳ Claude Hardy, Conseiller du Roy au Chastelet de Paris (2) ; Mʳ G. Pers.[onne]
de Roberval, Professeur Royal aux Mathematiques au college
de Maistre Gervais, et en la chaire de Ramus au College
Royal de France, auquel en mourant il donna la charge de
faire imprimer ses *Traitez* de la *Dioptrique* et de la *Catoptrique*, pour mettre après les livres de l'*Optique* du feu Pere
Jean François Niceron (3) ; Monsieur le Tenneur, cy-devant
Conseiller en la Cour des Aydes de Guyenne ; Mʳ Jean
Baptiste Morin, Docteur en Medecine et Professeur du
Roy aux Mathematiques (4) ; Mʳ Tevenot nommé Resident
pour le Roy à Gennes ; Messieurs Paschal le pere et le fils,
le pere qui a esté cy-devant President en la Cour des Aydes
d'Auvergne (5) ; Mʳ de Beaune, sieur de Gouliou, cy-devant
Conseiller au presidial de Blois ; feu Mʳ Boulanger, Lecteur

(1) Puisque nous retrouvons ici Claude Mydorge (déjà rencontré plus
haut), nous ajouterons que Baillet, en sa *Vie de Descartes*, a multiplié les
détails sur l'ami si dévoué de son héros.

(2) Sur Claude Hardy, né au Mans on ne sait en quelle année, mort à
Paris le 5 avril 1678, voir l'*Histoire littéraire du Maine*, t. VI, p. 72-76.
Voir aussi un passage des *Mémoires* de Daniel Huet, évêque d'Avranches,
traduits par Charles Nisard (Paris, 1853, in-8, p. 107). Voir, en ces
mêmes mémoires, diverses particularités sur plusieurs des personnages
mentionnés en ces notes, par exemple, Ismael Boulliau, Gabriel Naudé,
Gilbert Gaulmin, Montmor, Gassendi, Fermat, Roberval, etc.

(3) Voir Goujet, *Mémoires sur le collège royal de France*, qui (t. II,
p. 148-152), le fait naître en un lieu indéterminé (au diocèse de Beauvais)
le 8 août 1602 et le fait mourir en 1675.

(4) Voir le même ouvrage (t. II, p. 137-147) sur J.-B. Morin, né à Ville-
franche en Beaujolais le 23 février 1583, mort à Paris le 6 novembre 1656.
La notice de Goujet est remplie de choses curieuses.

(5) Sur Etienne et Blaise Pascal, je me contenterai de citer une récente
et remarquable brochure de M. Charles Adam, chargé de cours à la
Faculté des Lettres de Dijon : *Education de Pascal* 1623-1646 (Paris,
1888, grand in-8°). La première partie de ce mémoire est consacrée à
Pascal et son père. Dans la seconde partie : *Pascal et les savants de
Paris*, il est fort question du P. Mersenne et de l'assemblée de mathématiciens (Hardy, Mydorge, etc.) dont le Minime était l'âme.

du Roy aux Mathematiques, et Precepteur de feu Monseigneur Louis de Bourbon, comte de Soissons, Prince du Sang et Pair de France ; feu Mr Sanclarus, aussi professeur du Roy aux Mathematiques (1) ; Monsieur Picques le Pere, Secretaire du Roy, et Mr Picques le fils Advocat en la Cour de Parlement ; feu Mr Beaugran, Secretaire du Roy ; feu Mr Donaut, tous deux excellens Mathematiciens ; Mr Gaigneres, Secretaire de feu Monseigneur le Duc de Bellegarde (2) ; Mr de Mets, Commissaire des Guerres ; Mr Clercelier (3) ; feu Mr Paul Yvon, sieur de la Leu (4) ; feu Mr Jean Tileman Stella, natif de Sighen au Comté de Hesse en Alemagne, professeur du Roy aux Mathematiques (5) ;

(1) David de Sainclair, écossais d'origine ; il mourut à Paris le 29 juin 1629. Voir Goujet, t. II, p. 126-128.

(2) Ce devait être le père de ce François Roger de Gagnières dont Michel de Marolles parle ainsi dans ses *Mémoires* (t. I, p. 338) : « Jeune gentilhomme, dont l'esprit, les grâces et la beauté égalent la naissance illustre ». Ce bon abbé cite (même page) un quatrain avec anagramme en son honneur, composé par le futur amateur de manuscrits et de gravures, alors âgé de treize ans. J'avoue que j'aime mieux Gaignières collectionneur que Gaignières faiseur de petits vers. Puisque j'ai nommé Marolles, j'ajouterai que soit dans ses *Mémoires*, soit dans le le *Dénombrement* qui les suit, il a mentionné grand nombre de nos personnages, notamment Jacques Auzoles de la Peyre, Ismaël Bouilliau, l'archevêque d'Aix Louis de Bretel, P. de Carcavy, Marin Cureau de la Chambre, Nicolas Coëffeteau, Guillaume Colletet, Georges Critton, René Descartes, Gassendi, Godeau, Habert de Montmor, Pierre Hallé, J.-B. Morin, comte de Moret, Gabriel Naudé, comte de Pagan, Blaise Pascal, les frères Dupuy, Nicolas Rigault, Roberval, les Sainte-Marthe, le P. Sirmond, Fr. de Valois, comte d'Alais, etc.

(3) Claude Clerselier, un des grands amis de Descartes, mourut à Paris, âgé de 70 ans, le 13 avril 1684, comme nous l'apprend la *Gazette* du 15 du même mois.

(4) Voir l'historiette de Tallemant des Réaux intitulée : *La Leu et Lozières et Madame de Lalane* (tome VI, p. 270-294, y compris le commentaire, qui est aussi curieux que plantureux).

(5) Voir sur Jean Tileman Stella le *Mémoire sur le collège royal de France*, tome II, p. 152-157. Goujet n'a pas manqué de citer sur cet Allemand nommé, le 24 mai 1637, *lecteur et professeur du Roi pour les mathématiques et pour l'histoire*, le *Traité des Bibliothèques* du P. Louis Jacob et la *Vie du P. Mersenne* par Hilarion de Coste. On peut citer encore sur ce

Mr Desargues qui a particulierement employé ses soins à soulager les travaux des artisans par la subtilité de ses inventions, comme de la coupe des pierres et autres (1) ; Mr Girard, Gouverneur de feu Monseigneur François de Valois, comte d'Alais; feu Mr Gilles Magne, Gouverneur de feu Monseigneur Eleonor d'Orleans, Duc de Fronsac (2) ; Mr de Lozieres, de Nemours, Gouverneur de Messieurs de Gondrin et de Montespan ; Mr I. Mittanour, Astronome de Monseigneur Armand de Bourbon, Prince de Conty et Prince du Sang.

Ces illustres Escrivains de la Philosophie, de l'Histoire, de la Musique, et de la Poësie, sçavoir Mr René des Cartes, gentilhomme François, fils et frere de Conseillers au Parlement de Bretagne, qui demeure depuis quelque temps en Hollande pour philosopher plus aisément, estant desgagé des grandes Compagnies ; Mr Picot qui a traduit en François les *Principes de la Philosophie* du sieur des Cartes ; Mr Marandé, Greffier de la Cour des Aydes, assez connu par les livres qu'il a mis en lumière ; feu Mr Jean Bourdelot, qui avoit une parfaite connoissance des bons livres et des langues Orientales (3), et qui a donné au public les Œuvres

fils adoptif de la France les *lettres* de Chapelain, celles de Guy Patin et celles de Peiresc aux frères Dupuy (t. III).

(1) Gérard Desargues, qui est nommé seulement dans les *Mémoires* de Marolles, tient au contraire une large place dans la vie de Descartes par Baillet. Cet excellent géomètre naquit à Lyon en 1593 et mourut dans la même ville vers 1662. Voir son article dans le Ier volume du *Moréri*, où il est appelé *Argues (Gerard des)*. Blaise Pascal, dans son *Traité des sections coniques* qu'il publia à l'âge de 16 ans (1639), l'a proclamé « un des grands esprits de ce temps, et des plus versés aux mathématiques, et entre autres aux *Coniques*... »

(2) Voir sur ce personnage qui eut bien des aventures et qui fut même victime d'un enlèvement par des corsaires tunisiens, une note des *Lettres de Chapelain* (t. I, p. 31). Dans le recueil qui de la Bibliothèque de Sainte-Beuve a passé au département des manuscrits de la Bibliothèque nationale, le nom de ce correspondant de la *Pucelle* est écrit tantôt *Magnes* et tantôt *Maghes*, mais cette dernière forme n'est pas correcte et, comme nous le prouve le texte de H. de Coste, il faut décidément s'en tenir à *Magne*.

(3) Sur Jean Bourdelot orientaliste voir le recueil de Paul Colomiez,

de Lucian, qu'il a traduites de Grec en Latin ; Monsieur
Naudé, renommé pour ses vertus et pour son sçavoir, qui
l'ont fait choisir par trois cardinaux pour estre le Directeur
de leurs excellentes Librairies, et que l'on peut nommer
sans flaterie *une Bibliothèque Vivante*, à cause de la grande
connoissance qu'il a des sciences et des livres : Monsieur
François de la Mothe Le Vayer, Conseiller et Historiographe
du Roy, cy-devant conseiller du Roy et Substitut de M^r le
Procureur General au Parlement de Paris (1) ; Messieurs
Scevole et Louis de Sainte-Marthe, freres jumeaux, Advocats
en Parlement et Historiographes du Roy, les deux yeux
et les deux flambeaux de la Genealogie Royale ; Pierre
Scevole, et Nicolas Charles de Sainte-Marthe freres, enfans
de Scevole, et les petits-fils du Grand Scevole ou Gaucher de
Sainte-Marthe (2), Messieurs Henry, et Adrien Valois, aussi
freres et dignes historiographes du Roy (3) ; Mr Louis
Chantereau le Febvre, Conseiller du Roy en ses Conseils (4);
M^r le Chevalier de l'Escale qui a écrit plusieurs livres, entre
autres la *Vie* du Grand Cardinal Gilles Albornos (5) ; feu
Mr Hugues Grotius, Resident pour la Reyne de Suede près
de nos Rois Louis XIII et XIV, dont le nom est celebre par
ses livres (6) ; Mr Pierre d'Hozier, sieur de la Garde, che-

p. 150. Aux *Testimonia,* Colomiez cite ce passage de H. de Coste et aussi
le *Traité des Bibliothèques* du P. Jacob.

(1) Sur la Motte Le Vayer il faut indiquer la thèse pour le doctorat de
Ch. L. Étienne (1849), et surtout la Notice de M. R. Kerviler (1879). Ajou-
tons-y les recueils épistolaires de Chapelain et de Peiresc.

(2) Sur tous les membres de la dynastie Sainte-Marthe, voir dans la
Nouvelle Biographie générale, t. XLIII, une série d'articles du continuateur du *Gallia Christiana*, M. B. Hauréau.

(3) Un des deux frères, Henri, figurera dans la galerie des correspondants
de Peiresc. J'aurais bien voulu publier des lettres de l'auteur des *Gesta
Francorum* et de *Notitia Galliarum* à côté des lettres de l'éditeur
d'Ammien Marcellin, d'Eusèbe, de Théodoret, etc.

(4) L'auteur du *Traité des fiefs,* 1662, in-f°, naquit en 1588 à Paris et y
mourut en 1658.

(5) *La Vertu resuscitée ou la Vie du cardinal Albornoz, surnommé
père de l'Église*, Paris, 1629, in-8°, avec portrait.

(6) Voici le plus récent travail dont l'illustre publiciste ait été l'objet :

valier de l'Ordre du Roy, Genealogiste et juge general des
armes de France (1) ; Monsieur Marc de Vulson, sieur de la
Colombiere, aussi chevalier de Saint-Michel, Maistre d'Hostel
ordinaire du Roy et Gentilhomme de la Maison de Sa
Majesté, qui a écrit le livre de la Science Heroïque, et deux
tomes sous ce titre : le Vray Theatre d'honneur et de
chevalerie, ou le Miroir Heroïque de la Noblesse (2) ;
Jacques Mauduit, Garde du depost des Requestes du Palais,
dont il a écrit l'Eloge dans son *Harmonie Universelle*, où
il remarque, que la France, dès le vivant de cet excellent
Musicien, l'honora du surnom de *Pere de la Musique*, parce
qu'il a comme engendré la belle Musique en ce Royaume
par l'excellence de plusieurs ouvrages, et des Concerts
composez de voix, et de toutes sortes d'instrumens Harmoniques ; ce qui n'avoit point esté pratiqué avant luy, du
moins si parfaitement (3) ; son fils Louis Mauduit, Prieur de
Saint-Martin de Brethencourt près de Dourdan, excellent
Poëte et Mathematicien (4) ; feu Mʳ Boisset, Surintendant

Notice sur Hugues de Groot (Hugo Grotius) suivie de lettres inédites
publiées par le vicomte de Caix de Saint-Aymour, Paris, 1884, gr. in-8.

(1) Le célèbre généalogiste naquit à Marseille le 10 juillet 1592. La date
du jour de son décès a été diversement indiquée. Selon l'auteur du
Dictionnaire historique de la France, il mourut le *20 novembre* 1660 ; selon
la *Gazette* du 4 décembre, ce fut le 30 novembre ; enfin, s'il faut en croire
des notes manuscrites du P. Bougerel qui m'ont été communiquées par
feu M. le marquis de Clapiers (sa mort n'éteint pas ma reconnaissance),
il aurait passé de vie à trépas le 1ᵉʳ décembre et aurait été enterré dans
l'église Saint-André-des-Arcs. Jal, en son *Dictionnaire critique de biographie et d'histoire,* déclare qu'il n'a pu trouver l'acte d'inhumation de
l'auteur de la généalogie des principales maisons de France.

(2) Cet auteur mourut en 1658. Le premier des ouvrages cités par H. de
Coste parut en 1644, in-fᵒ, et reparut en 1669, également in-fᵒ ; le second
de ces ouvrages parut en 1648, 2 vol. in-fᵒ.

(3) Jacques Mauduit mourut à Paris en 1627, à l'âge de 70 ans. Voir sur
lui dans la *Nouvelle Biographie générale* l'article d'un spécialiste,
M. Denne-Baron.

(4) Louis Mauduit fit exécuter sous sa direction, aux Minimes de la
Place-Royale, pour l'anniversaire de la mort de son père, la messe de
Requiem composée par ce dernier à l'occasion du service funèbre célébré

de la Musique du Roy ; Mr Pierre du Ryer, Secretaire de Monseigneur le Duc de Vandosme, qui a traduit si elegamment et si fidellement en nostre langue les Histoires d'Herodote, la plupart des Œuvres de Ciceron, les deux tomes de l'*Histoire de la Guerre de Flandre* du R. P. Famian Strada Romain, de la Compagnie de Jesus et qui a donné au public plusieurs belles Tragedies (1) ; Messieurs Frenicle, celebres par leurs poësies et la connoissance qu'ils ont des mathematiques (2) ; Messieurs Guillaume Colletet le pere, et François Colletet le fils, qui sont aussi assez connus par leurs poësies et par les livres qu'ils ont donné au public ; Mr Jean Jules Cesar de Villeneufve, Gentilhomme qui n'est pas moins chéry des Muses que vaillant dans le champ de Mars ; feu Mr André Jumeau, Prieur de Sainte Croix et precepteur de Monseigneur Henry de Bourbon, evesque de Mets et Marquis de Verneüil ; M^r le Maire, excellent Musicien et Mathematicien ; Mr Petit, intendant des Fortifications, dont j'ay desja parlé dans la page 39 de cet Eloge ; feu Mr Guillaume Passart, excellent geometre ; M^s René Trouillard avec lequel il a fait quantité d'experiences ; Mr Gabriel Michel, Sieur de la Roche-Maillet, Angevin, Advocat en la Cour de Parlement (3) ; Mr François de Colombelle, sieur de Berville, et Chevalier de l'Ordre du

dans la chapelle du collège de Boncourt, le 24 février 1586, pour le poète Ronsard, lequel était le confrère de l'habile musicien en l'Académie fondée par Baïf au faubourg Saint-Marcel.

(1) Pierre du Ryer, né à Paris en 1696, y mourut le 6 novembre 1658 ; il fut élu membre de l'Académie française en 1646. Les éloges donnés au traducteur et à l'auteur tragique par H. de Coste paraîtront exagérés aux plus indulgents. Voir dans les *Mélanges* de Vigneul-Marville de curieux détails sur la misère des dernières années de la vie de P. Du Ryer.

(2) Nicolas Frenicle, né à Paris en 1600, mort en 1661, cultiva surtout la poésie, et son frère, Bernard, né vers 1605, mort en 1675, cultiva surtout les mathématiques et devint membre de l'Académie de Sciences.

(3) Gabriel Michel, sieur de la Rochemaillet, naquit à Angers le 19 octobre 1562 et mourut à Paris le 9 mai 1642. Voir le *Dictionnaire historique, géographique et biographique de Maine-et-Loire*, par M. C. Port, t. II, 1876, p. 670.

Roy ; Mr Elie Deodati, Advocat en la Cour de Parlement (1) ;
feu Mr Poisson, sieur de la Bodiniere, Poëte Latin et François, fils de Pierre Poisson, sieur de la Bodiniere, Conseiller
au siege presidial d'Angers, qui a écrit l'Harmonie Chronologique des Histoires de la quatrième Monarchie selon
l'ordre des années, ensemble l'Estat de l'Eglise (2).

Après sa mort l'on a trouvé dans sa cellule plusieurs
lettres qui luy ont esté écrites par M^r le Cardinal François
Barberin, neveu du pape Urbain VIII, par Mr Louis de
Valois, Comte d'Alais, Gouverneur pour le Roy en ses pais
et armée de Provence, et petit-fils du Roy Charles IX ; par
Jean Baptiste Baliani, Gentilhomme Gennois ; par M^r des
Noyers, Secretaire de Louise-Marie de Mantouë, Reyne de
Pologne et de Suede, de Varsavie *(sic)* ; par le R. P. Valerien
Magni, docte capucin Milanez, aussi de Varsavie ; par
Mr Chanut, Conseiller du Roy en ses Conseils, President
des Tresoriers generaux de France en Auvergne, et Resi-
dent pour le Roy à Stolcholm près de Christine, Reyne de
Sueffe, de Gothie et de Wandalie (3) ; par Mr Constantin
Huyggens, Secrétaire de M^r le Prince d'Orange, de la Haye,
et autres lieux de Hollande (4) ; par feu Mr Jean Charles,

<hr>

(1) Élie Diodati naquit à Genève en 1576, la même année que son cousin
issu de germain, le théologien Jean Diodati avec lequel on l'a trop souvent
confondu. Il passa presque toute sa vie à Paris où il mourut en 1661. Ce
fut un des correspondants de Peiresc et de Galilée. La confiance affec-
tueuse que lui témoignèrent ces nobles esprits jette un glorieux reflet sur
sa mémoire.

(2) M. C. Port, dans le *Dictionnaire historique, géographique, et
biographique de Maine-et-Loire*, s'est occupé de Pierre Poisson, sieur de
la Bodinière, mais il n'a pas connu le fils du magistrat, le *poète latin et
français* qui n'a peut-être, du reste, laissé que des œuvres non imprimées.

(3) Sur Pierre Chanut voir une note dans le *François Luillier*, p. 32.

(4) Sur Constantin Huygens, père de Christian, voir la belle publication des
œuvres complètes de ce dernier faite par la Société hollandaise des
Sciences et cité plus haut. Aux trois volumes déjà mis en lumière je puis
renvoyer pour presque tous les savants français et étrangers nommés en
ces pages, notamment pour Boulliau, Carcavy, Chanut, Descartes, Digby,
Eichstadius. Fermat, Hevelius, etc.

Comte de Conopaskii, Abbé de Tinez, de Vachory en Pologne ; par Jean Hevelius, Eschevin, de la ville de Republique de Danzick au mesme Royaume ; par Laurens Eichstadius, Medecin, de la mesme ville de Danzich ; par John Mochingerus, de la mesme ville ; par Mr Denys de Salvaing, seigneur de Boissieu, Conseiller d'Estat et Premier President de la Chambre des Comptes de Daufiné, de Grenoble (1) ; par Messieurs de Ponnat et de Coste, Conseillers en la Cour de Parlement de Daufiné, de Grenoble ; par M. Jacques de Valois, Escossois, Tresorier general de France en Daufiné, Grand Astronome, de Grenoble (2) ; par le Seigneur Jean Baptiste Doni, Gentilhomme Florentin, de Florence (3) ; par le Seigneur Torricelli, Professeur du Grand Duc en Mathematique, et disciple de Galileo Galilei, de la mesme ville (4); par Mr le Chevalier d'Igbi, Resident près du Pape pour Henriette Marie de France, Reyne de la Grand'Bretagne ; par Mr le Chevalier Cassian du Puy, vulgairement le Cav[alier] del Pozzo ; par le seigneur Angelo Ricci ; par Mr Luc

(1) Denis Salvaing de Boissieu naquit le 21 avril 1683, non à Vienne, comme on l'a trop dit et comme on l'a imprimé encore tout récemment, mais au château de Vourey, près de Moirans, en Dauphiné ; il mourut le 10 avril 1683. La biographie du savant auteur de l'*Usage des fiefs* a été très exactement écrite par M. de Terrebasse, 1850, in-8.

(2) Jacques de Valois figure souvent dans les lettres de Peiresc et dans celles de ses correspondants. Voir sur cet amateur, orignaire de l'Écosse et que Francisque Michel a oublié dans ses deux volumes sur les *Écossais en France*, les *Documents inédits sur Gassendi*. Nous le retrouverons dans un prochain fascicule des *Correspondants de Peiresc*, où figureront, autour d'André Du Chesne, divers érudits provinciaux.

(3) Le florentin J.-B. Doni, sur lequel Ginguené a donné une si bonne notice dans la *Biographie Universelle*, est très souvent mentionné dans les lettres de Chapelain et de Peiresc. J'en dirai autant de plusieurs des personnages qui vont suivre, tels que le cavalier del Pozzo, Holstenius, etc.

(4) Je viens de citer l'article de Ginguené sur Doni. Je citerai sur Evangelista Torricelli, né en 1608, mort à l'âge de 39 ans, comme Pascal, un non moins excellent article de l'académicien Biot dans le même recueil. Ce fut le P. Niceron qui, pendant son séjour à Rome, mit Torricelli en relation avec Fermat, Mersenne, Roberval, etc.

Holstenius, vulgairement Holstein, natif de Hambourg en
Alemagne, Chanoine de Saint-Pierre ; par le P. Athanase
Kerker *(sic)*, aussi Aleman, de la Compagnie de Jésus, de
Rome (1) ; par feu Mr Aubert le Mire, natif de Brusselle,
Doyen de Nostre-Dame d'Anvers, et Maistre de la Chapelle
de feuë l'Infante Isabelle-Claire-Eugenie, d'Anvers (2) ;
Monsieur Milon, Advocat en la Cour de Parlement, de
diverses villes de ce Royaume ; par M^r l'Abbé de Monflaines;
par Mr Stanihurst, Docteur en Theologie, Hibernois ; par
Mr Titelouse, excellent Musicien, de Rouen ; par le Pere
Theophile Reynault, Jesuite, d'Avignon et de Rome ; par le
Pere Claude Richard, Jesuite, de Madrid ; par Messieurs
Deschamps et Brun, de Bergerac (3) ; par le P. Vatier,
Jesuite de la Flesche (4) ; par Mr de Vienne, Abbé de
S. Martin à Nevers ; par Mr de Meru, et par le P. Jean
François, Recteur du College des Peres Jesuites de Nevers,
de la mesme ville ; par Monsieur Fermat, Conseiller en la
Cour de Parlement de Tolose, de la mesme ville ; par M^r
d'Espagnet, Conseiller en la Cour de Parlement de Bordeaux,
de la mesme ville ; par Mr du Verdus (5), et par Mr Trichet,
aussi de Bordeaux (6) ; par M^r le Tenneur, de Tours et

(1) C'est Kircher, un des membres les plus savants de la compagnie de
Jésus et qui, sans négliger la philologie et la théologie, cultiva toute sa
vie avec ardeur les sciences mathématiques et physiques.

(2) On a dit du chanoine Aubert Le Mire (Bruxelles 1575 - Anvers 1640)
qu'il ne fut qu'un laborieux compilateur. Voir la terrible liste de ses
ouvrages dans le tome VII des *Mémoires* de Niceron.

(3) Sur ces deux savants périgourdins, qui mériteraient d'être plus
connus, voir le *Bulletin de la Société historique et archéologique du
Périgord*, tome XV, 1889, p. 450-451, et tome XVII, 1890, p. 37-39.

(4) On trouve dans la *Bibliothèque des écrivains de la Compagnie de
Jésus*, t. III, p. 1297, un Père Antoine Vatier, né en 1613 et mort en 1659,
qui parait avoir été exclusivement théologien. Est-ce le nôtre ? Malgré la
concordance des dates, je ne le crois pas.

(5) Sur l'abbé François du Verdus, traducteur des *Élémens de politique*
de Hobbes, voir les *Mémoires* de Michel de Marolles, t. p. 378, et le *dénombrement*, t. III, p. 171.

(6) Raphaël Trichet du Fresne fut le successeur — non indigne — de
Gabriel Naudé dans la charge de bibliothécaire de Christine, reine de

d'autres villes de ce Royaume ; par Nicolas Cabeus, Ferra-
rois, de la Compagnie de Jesus, de Rome ; par le P. Cavallieri, de Bologne ; par le P. Honorat Fabri, Jesuite, de
Lyon (1) ; par Mr de Neuré, d'Aix et de Lyon (2) ; par M^r de
Colombi (3), et Borrilli, d'Aix (4) ; par Mr Claude Saumaise,
de diverses villes de Hollande ; par Me René des Cartes, du
mesme païs ; par Mr de Schouten, par I. Golius (5) et par le
sieur Sorbere, de Leiden ; par Mr Langrenius, de Brusselle ;
par Sixtin Amama de Franeker, l'an 1627 ; par Gilbert
Voetius, d'Utrecht (6) ; par Ch. Ravius, Professeur en la

Suède. Il possédait lui-même une belle bibliothèque dont le catalogue
parut en 1662, Paris, in-4. Trichet fut non-seulement un bibliophile
consommé, mais aussi un numismatiste de grande réputation. Voir sur lui
les *Mémoires* de Huet, les *lettres* de Guy Patin, le *Chevræana*, le *Dictionnaire des amateurs français du XVIIe siècle* par M. E. Bonnaffé, 1884.

(1) Voir dans la *Bibliothèque des écrivains de la Compagnie de Jésus*
les articles *Cabeus* et *Fabri*, ce dernier article très développé, col. 1776-
1782, le P. Honoré Fabri ayant été, comme disent les PP. de Backer et
Sommervogel, « doué d'une activité et d'une ardeur prodigieuse au travail », et s'étant livré « à tous les genres d'étude ». Quant au P. Cavallieri,
il n'a pas de notice dans le recueil des savants bibliographes.

(2) Sur Michel Neuré voir (*passim*) le t. II des *Lettres* de Chapelain soit
pour les révélations fournies par le texte, soit pour les références fournies
par les notes.

(3) F. Cauvigny, sieur de Colomby, membre de l'Académie française,
était un cousin de Malherbe. Voir sur lui, outre le classique ouvrage de
Pellisson et d'Olivet, le t. IV des œuvres de son illustre parent publiées
par M. L. Lalanne. Balzac s'est finement et spirituellement moqué de ses
mauvaises traductions, lui reprochant « le peu d'intelligence qui estoit
entre lui et Tacite au temps même de leur plus grande familiarité ».

(4) Au moment où je trace ces lignes, on vient d'imprimer à Aix un
fascicule des *Correspondants de Peiresc*, le XVIIIe, où l'on trouvera mille
détails sur le notaire-archéologue Boniface Borrilly et sur son remarquable cabinet.

(5) Jacques Golius, un des plus grands orientalistes de la Hollande, fut
l'ami de Descartes et de Peiresc. S. de Sacy, dans un magistral article de
la *Biographie Universelle*, a rappelé que Golius en sa jeunesse fut professeur de grec à La Rochelle.

(6) C'est Gisbert Voet, ce théologien dont le détestable caractère est
plus fameux encore que le savoir. Mais, d'après une toute récente notice
de M. Bertrand, secrétaire perpétuel de l'Académie des Siences, (*Revue
des Deux-Mondes* du 1er janvier 1891), cette mauvaise réputation serait

langue Hebraïque en la mesme ville ; par Jean Albert
Bannius, excellent Musicien, de Harlem ; par André Rivet,
Poitevin, de la Haye (1) ; par Mr du Laurens, de la mesme
ville ; par Isaac Beertman, Mathematicien, d'Amstredam
(sic) ; par Christofle Sturanus, de Bremen ; par Alexandre
Morus, de Geneve ; par Jean Buxtorfe, de Basle ; par Dantius,
par Seldenus, par Theodore Haat, de Londres ; par Thomas
Hobb, Anglois, Gouverneur de M^r le Prince de Galles ; par
le Chevalier Candysh, par Henry Revery ; par Chavenias,
Danois, et par d'autres estrangers (2).

Parmy ces lettres on en a aussi trouvé quelques-unes des
Religieux de nostre Ordre, illustres par leurs écrits (3),

usurpée et le prétendu persécuteur de Descartes ne mériterait point d'être
cloué au pilori de l'histoire. La réhabilitation faite par M. Bertrand aide à
comprendre les bonnes relations qui existèrent entre Voet et le saint
religieux.

(1) Voir sur ce docte pasteur protestant, outre le recueil des frères Haag,
les lettres de Guez de Balzac, 1873. On garde au Département des manuscrits une curieuse correspondance de Rivet avec Claude Sarrau,
l'érudit magistrat, et je voudrais bien qu'elle fut publiée.

(2) A propos de ces documents, citons ce passage de la notice de M.
Hauréau, p. 178 : « Cinq cents pièces autographes, envoyées à Mersenne
par tous les érudits de son temps, formant 3 vol. in-f°, se vendaient en
l'année 1833. — M. de Lescure, *Les Autographes*, p. 75. » Ces précieux
autographes avaient été laissés par Mersenne au couvent de la Place-
Royale, avec une précieuse collection de livres et d'instruments. L'acqué-
reur fut un bibliophile de grand et fatal savoir-faire et de sinistre mémoire.
On trouve dans le *Catalogue des manuscrits des fonds Libri et Barrois*
par M. Léopold Delisle, (Paris, 1888, gr. in-8, p. 166 et suiv.) l'indication
de plusieurs des correspondances mentionnées par H. de Coste, celles,
par exemple, du cardinal Fr. Barberini, J.-B. Doni, Digby, Athanase
Kircher, Deschamps (de Bergerac), Buxtorf, Th. Hobbes, etc. Les 3 vol.
in-f°, dans lesquels H. de Coste avait recueilli les lettres originales adressées au P. Mersenne, et qui sont reliés en veau, à la marque du couvent
des Minimes de Paris, sont inscrits actuellement à la Bibliothèque nationale sous les n°s 6204, 6205 et 6206 des Nouvelles acquisitions françaises.
En dehors de ces trois volumes, le fonds Libri contient d'autres lettres
écrites à Mersenne par Torricelli, par Descartes (ces dernières volées à la
Bibliothèque de l'Institut).

(3) A la distance de près de deux siècles et demi cette *illustration* a
singulièrement pâli et on ne peut s'empêcher de sourire en voyant com-

comme de la Province de Provence, des RR. Peres Jean
François, Estienne Octoul, et André Real, de Marseille,
d'Aix et d'Avignon ; de celle de Tolose ou d'Aquitaine, des
RR. Peres I. la Combe, Pierre d'Aguts, de Tolose, et
Jaques Bremant, de Carcassonne ; de celle de France du
feu R. P. Robert Regnault, qui avoit esté conseiller du Roy
en sa Cour des Aydes à Paris avant que d'entrer en l'Ordre
des Minimes, (dans lequel l'on peut l'appeller le Fondateur
de la belle Bibliothèque de ce Convent de la Place Royale),
de Constantinople et du Caire, et d'autres villes du Levant ;
de la province de Lyon, le R. P. Gabriel Thibaut, de Chaumont en Auvergne ; du R. P. Bannier, de Clermont ; du
R. P. Jean du Rel ou du Relle, de Moulins et de Lyon ;
mais particulièrement de Rome du R. Pere Emmanuel
Maignan, Tolosain, lecteur en Theologie au Convent de la
Tressainte Trinité du Mont Princio ou des Minimes François
à Rome, qui a mis en lumiere cette année 1648 un livre
excellent des *Horloges et des quadrans solaires* (1) ; du feu
P. Jean François Niceron, et du R. P. François de la Noue,
Collegue François des Reverendissimes Peres Laurens de
Spezzane, et Thomas Munoz et de Spinossa, generaux de
nostre Ordre, qui a escrit en Latin *la Chronique generale
de la mesme Compagnie*, dans laquelle parlant des Escrivains
de l'Ordre, il fait l'éloge du R. P. Marin Mersenne, en ces
termes, *Celebris Theologus, Philosophus et Mathematicus ac
vere* πολύγραφος, celebre Theologien, philosophe et Mathematicien. Enfin l'on peut dire veritablement de luy qu'il n'y
a rien dont il n'ait escrit avec toute sorte de lumiere et de
connoissance. Pour moy je ne puis luy donner d'autre éloge
que celuy que le Cardinal Annaliste, le Grand Baronio, le

Perspectiva
Horaria, sive de
horographia
gnomonica, tum
theoretica, tum
practica libri
quatuor.

---

bien sont plongés dans la nuit de l'oubli la plupart des Minimes que le
bon H. de Coste énumérait avec tant de fierté. Tirons de ceci une morale,
un *memento quia pulvis es*, et demandons-nous si, dans 250 ans, on se
souviendra beaucoup plus des écrivains qui maintenant sont pour leurs
complaisants confrères, des étoiles de première grandeur.

(1) Voir sur le P. Maignan les *Lettres de Jean Chapelain*, t. II, p. 226.

Cesar des Escrivains de ce siecle (1), donnoit à feu Mr Nicolas
le Fevre, Precepteur du feu Roy Louis XIII et de feu Monseigneur le Prince (2), *qu'on n'a jamais veu une doctrine
qui fust plus haute et qui fust plus humble* (3) : car il seroit
difficile d'exprimer l'affection et l'ardeur avec laquelle il se
portoit à tout ce qui regarde generalement l'avancement des
sciences, soit de luy mesme, ainsi qu'on peut voir par les
livres qu'il a fait imprimer, qui contiennent une si grande
varieté de matieres qu'on auroit de la peine de croire qu'il
eust pû s'instruire en une partie seulement, si ses ouvrages
mesme n'en donnoient des témoignages qu'on ne sçauroit
contredire ; soit aussi par l'honneste emulation qu'il excitoit
parmy les sçavans, pour les obliger à donner au public les
veritez qu'ils avoient descouvertes, ou à s'appliquer serieusement à la recherche de celles qui sont les plus cachées,
dont il y en a beaucoup qui ont esté heureusement descouvertes en ce siecle, et peut-estre davantage qu'on n'en
découvrira en aucun autre ; jusques là mesme que ne pouvant persuader ces grands Genies à mettre au jour leurs
compositions, il essayoit de les y forcer, inserant dans ses
livres ce qu'il apprenoit par leur communication, leur
faisant voir par ce moyen qu'ils pouvoient aisément entreprendre ce qui estoit à moitié fait, ou du moins empeschant
par ce vertueux artifice que la posterité ne fust privée d'une
partie de ce qui seroit mort avec eux. Il en a usé de la sorte
en plusieurs endroits de ses livres, et a tousjours rendu aux
Autheurs avec beauooup de franchise et de sincerité, ce qu'il
ne faisoit imprimer que pour leur avantage et pour leur gloire.

(1) Allusion au prénom de Baronius. On a déjà pu voir que le pieux
biographe ne se refuse pas, à l'occasion, le plaisir d'un jeu de mots.

(2) Cet habile philologue naquit à Paris le 2 juin 1544 et mourut le
3 novembre 1612. Il a été oublié dans la *Nouvelle Biographie générale*,
mais non dans le *Moréri* où selon la remarque de Bayle, « son article est
bon ». Voir une courte et vive notice sur Lefèvre dans l'*Histoire des
princes de Condé* par Mgr le duc d'Aumale, t. II, 1864, p. 239-240.

(3) N. Lefèvre fut donc loué à la fois par Baronius et par son très savant
adversaire, Isaac Casaubon. *Exercit. XVI in Baronium*, cap. LXXX.

Il avoit une extreme aversion de l'oisiveté, et n'avoit pas si tost quitté la Compagnie des honnestes gens (qui luy faisoient la faveur de le visiter) ou la lecture des livres sacrez et profanes, ou la psalmodie à l'Office divin, qu'estant aux Recreations il se ravissoit et nous ravissoit nous mesmes, quand nous allions nous promener avec luy, par les meditations et les discours qu'il faisoit sur les fruits, sur les plantes, sur les moindres animaux, et enfin sur tous les objets des merveilles de Dieu, qui se presentoient dans les jardins ou en nostre chemin. Il chantoit souvent les premiers versets du Psaume 21 *Dominus regit me,* etc., ou quelque Paraphrase en vers Latins et François sur ce même Pseaume, ou il chantoit ce dernier verset du dernier des Psaumes, *Omnis Spiritus laudet Dominum* (1), ou ce Psaume tout entier (2), qui contient une exhortation à louer la Sainteté de Dieu dans ses Saints, et sa puissance dans ses ouvrages visibles sur toutes sortes d'instrumens Harmoniques.

Dans le jardin de Messieurs les Morins. A cette petite note de l'auteur j'ajoute que Tallemant des Réaux, *Historiettes,* t. VII, p. 536, a cité un bon mot de « Morin le floriste », le plus jeune des deux frères.

Les ames de tels personnages sont de la qualité de cette fontaine que le Grand Alexandre admira en Babylone, laquelle jettoit une eau qui s'allumoit incontinent aux rayons du soleil, ou aussitost qu'on luy monstroit le feu (3) : car ces bons esprits sont si épurez et si demeslez de la terre, et ont les yeux si nets et si brillans, qu'ils s'enflamment par la moindre amorce à la meditation des choses du Ciel, et à l'amour de Dieu.

(1) Ces quatre mots servent d'épigraphe au recueil de Mersenne : *Harmonicorum instrumentorum libri IV...* (Paris, 1636, in-f⁰) : ils sont inscrits dans le titre même de l'ouvrage (entre parenthèses) à la suite du nom de l'auteur et avant l'indication du lieu d'impression.

(2) On aime à savoir que, dans le P. Mersenne, qui s'était toujours tant occupé de l'étude des choses de la musique, la pratique s'harmonisait avec la théorie.

(3) Voir Plutarque, *Vie d'Alexandre*, chap. XLIX, sur cette fontaine de naphte.

LETTRES INÉDITES

DU

PÈRE MERSENNE A PEIRESC

I

A Monsieur de Peiresc.

Monsieur, il y a tres longtemps que je desirois vous escrire, mais la crainte que j'ay tousjours eue de vous importuner m'en a perpetuelement empesché, quoy que j'aye peu me couvrir de l'amitié que vous portès à Mr de Thou (1) et M^{rs} ses cousins (2) pour faire agreer mes lettres. Mais l'asseurance qu'ils m'ont tousjours donnée de vostre bonté m'a fait enfin rompre toutes sortes de respect et de consideration pour vous prier de faire avec le consul d'Alep ou quelqu'autre de vostre connoissance, que je puisse sçavoir les Characteres ou Notes dont ils usent dans leur Musique ; et pour ce sujet j'ay mis nos Characteres icy avec un chant et deux parties, affin qu'ils mettent la mesme chose *grœco more ;* mais il faudra, s'ils n'entendent nostre Musique, que le Consul la leur explique, et qu'il ayt soin d'en tirer reponse, et de leur faire

(1) Le P. Mersenne avait les meilleures relations avec Jacques-Auguste de Thou, comme a eu soin de nous l'apprendre le P. H. de Coste.

(2) Ces cousins étaient les frères Dupuy.

aussi escrire quelques uns de leurs chants, avec tous les characteres dont ils usent pour ce sujet. Et s'il y avoit moyen de sçavoir la tablature (1) dont ils usent pour le Luth ou les autres Instruments, cela me serviroit encore. J'avois rescrit à Rome et à Venise pour ces characteres, mais je n'en entens aucune reponse, ce qui m'empesche de commencer l'impression d'une œuvre dont Mr Gassendy vous aura peut estre parlé (2) ; car je voudrois bien qu'il n'y manquast rien de ce qui peut contenter les curieux. C'est pourquoy j'avois aussi desiré de sçavoir la mesme chose des Characteres Arabes, Turcs et Persans, et quant et quant (3) d'avoir les noms, les figures, l'estendüe et la tablature des Instruments qu'ils ont, et qui ne sont pas icy usités ; mais je ne reçois non plus aucune reponse des lettres que j'avois fait tenir à Constantinople à Mr de Marcheville (4) et au fils de Vitré (5) qui y est pour ce sujet. Si par vostre moyen je puis recouvrer toutes ces choses, ou bonne partie d'icelles, il n'est pas besoin de vous asseurer de l'obligation que j'auray de le faire sçavoir à tout le monde, dans le meilleur lieu du Livre, puisque la chose parle d'elle mesme ; et s'il vous plaist de retenir cette copie des Notes par devers vous, et de la faire transcrire à quelqu'un qui escrive mieux que moy (6), affin qu'en recevant reponse nous la puissions confronter et retenir ce que nous mandons, cela sera assès à propos.

(1) Un des grands amis de Mersenne, Descartes, a ainsi employé, dans le *Discours de la Méthode*, ce terme de musique : « Si quelqu'un pouvoit apprendre en un jour à jouer du luth excellemment, par cela seul qu'on lui auroit donné *la tablature* de qui seroit bonne. »

(2) Voir à l'*Appendice*, une lettre de Mersenne à Gassendi, du 5 janvier 1633, où il est question des cymbales de Provence et où l'on voit que ce fut ce dernier qui introduisit le minime auprès de Peiresc.

(3) En même temps.

(4) Henri de Gournay, comte de Marcheville, ambassadeur de France à Constantinople. Voir sur ce diplomate les *Lettres de Peiresc aux frères Dupuy*, (*passim*), mais particulièrement tome I, p. 195.

(5) Le fils du célèbre imprimeur Antoine Vitré.

(6) C'est une consolation pour ceux qui ont eu à déchiffrer les hiéroglyphes de Mersenne, de voir qu'au moins il se rendait justice.

Peut estre que vous l'envoyerès en plusieurs endroits, affin que si l'un manque, l'autre reussisse. Il y a un Monastere de Religieux de S. Basile en Alep qui chantent fort bien la Musique, à ce que l'on m'a dit, dont il y en a un qui la sçait fort bien à qui l'on pourroit s'adresser. Si vous pouviès faire connoissance et contracter amitié avec luy nous aurions un singulier plaisir de conferer ensemble de plusieurs belles difficultés ; car on m'a dit qu'il cherche la maniere de multiplier la pesanteur, la dureté et les sons jusques à l'infini, et qu'il travaille à la chimie, dans laquelle il a des grandes connoissances, et mesme qu'il sçait la Magie, je ne sçay pas laquelle (1). Quoyque c'en soit, nous verrions si l'Orient produit des meilleurs esprits que nostre Occident.

J'avois prié M\ Gassendy de me faire avoir la figure des Cimbales de Provence et celle des Instruments qui ne sont point icy, si tant est qu'il y en ait, mais je crois que je les attendray tousjours sans qu'ils viennent, si ce n'est par vostre moyen, quoyque je renonce des à present à toutes demandes et [à] mes prieres, si le soin ne vous en est agreable, et s'il vous doit incommoder tant soit peu.

Je ne vous escrits point les nouvelles des Livres et autres choses qui courent icy, parceque je sçay que M\rs du Puy n'y manquent pas. C'est pourquoy je finis la presente en priant Dieu qu'il vous conserve en bonne santé, et demeurant tousjours, Monsieur, Vostre, etc.

F.-M. MERSENNE, Minime.

De Paris ce 1er May 1633 (2).

(1) Le bon Mersenne ne savait s'il s'agissait de magie blanche ou de magie noire.

(2) Bibliothèque Méjanes, à Aix en Provence. Collection Peiresc, t. VII, f° 169. Copie.

II

« A Monsieur Monsieur de Peiresc, Conseiller
au parlement d'Aix, à Aix. »

Monsieur,

Voyant que j'ay achevé mon grand œuvre de l'Harmonie universelle et qu'il merite à mon advis, d'estre dedié à un personnage de merite qui sçache faire cas des choses qui ont cousté plus de 10 ans de labeur assez particulier et quant et quant que nos libraires ne sont pas assez hardis d'entreprendre un livre de 300 fueilles de cette nature, si l'on ne leur donne quelque avance, j'ay premierement voulu sçavoir de vous si vous desirez luy donner la vie et vous en rendre le protecteur. Ils demandent cent escus et disent qu'il leur coustera mille escus à l'imprimer. Si je n'estois lié à ma condition je le ferois imprimer propriis impensis, affin qu'il n'y eust que les honnestes hommes qui en eussent. Vous verrez ce qu'il vous plaira repondre. Cependant je vous recommande M. du Coudray qui va playder à vostre parlement quoy que ses qualitez et son merite le rendent desja assez recommendable (1). Je vous envoye aussi le premier cayer que j'ay faict tirer expres affin que vous consideriez à vostre loisir ce que j'y traite. Quand vous escrirez à Monsieur Gassend, je vous prie qu'il tienne mes humbles recommendations au bas des vostres. Je n'espère maintenant plus rien de la musique des grecs, ni des orientaux, apres avoir attendu 2 ou 3 ou 4 ans apres sans aucun fruit, comme vous sçavez quoy que j'aye tenté la voye de Rome, de Venise, et de Constantinople. Je croy que nous les surpassons tous en ceste matière.

(1) Sur Du Coudray Montpensier, voir le tome III des *Lettres de Peiresc aux frères Dupuy.*

C'est pourquoy je ne veux plus m'en mettre en peine. C'est une chose estrange que je n'ay point encore sçeu si avez receu tous les instruments que je vous envoyé la dernière fois il y a si longtemps et qu'aprez avoir envoyé sous deux fois de petits traitez (que vous avez aussi veus, car j'en ay tousjours baillé à MM^{rs} du Puy pour ce sujet) à M. Doni avec lettres que je n'aye receu nouvelle de l'un ni de l'autre. Quoy qu'il en soit je prie Dieu de vous tenir en bonne disposition et suis tousjours, Monsieur

Vostre très affectionné serviteur

F. M. MERSENNE M[inim]e.

De Paris
Ce 20 mars 1634 (1).

III.

(Même adresse.)

Monsieur,

Après vous avoir asseuré que j'ay fait tenir vos deux lettres

(1) Bibliothèque nationale, fonds français, n° 9543, f° 1. Autographe.
On ne retrouve pas dans ce manuscrit une lettre à laquelle M. Hauréau (p. 156) emprunte un pittoresque passage, après avoir constaté que le bon Père s'excuse « très naïvement, nous allions dire très plaisamment, d'avoir une si grande passion pour la musique » : « Je craindrais — écrit-il — les reproches de plusieurs qui ne font nulle estime que de ce qu'ils aiment, et qui ne manqueraient pas de dire qu'il n'appartient nullement à un théologien de traiter de cette matière, si je n'avais quarante et quatre mille saints pour mes garants, qui chantent tous les jours de nouveaux cantiques et des airs ravissants à l'honneur de l'Agneau immaculé, avec leurs cistres et leurs harpes, et même avec celle de Dieu, comme nous apprend le plus savant théologien des apôtres, en son Apocalypse. » M. Hauréau ajoute spirituellement : « Ainsi très assuré, très satisfait d'avoir de tels complices, et en si grand nombre, Mersenne n'avait jamais cessé de cultiver l'art qu'il aimait. »

aux RR. pères Renaud (1) et Dominique et vous avoir rendu
mille actions de graces de la bonne volonté que vous avez
conceue pour mon ouvrage, qui pourra recevoir un grand
ornement par les remarques de vostre livre arabe que j'ay
receu, pourveu que je puisse icy rencontrer quelqu'un qui
me l'explique ; je vous diray que si je ne sçavois la solidité
de vostre devotion entretenue par l'humilité chrestienne, je
m'estonnerois de ce que vous ne vous croyez pas digne d'une
dedicace de mon ouvrage, attendu que je ne connois personne
qui le merite mieux que vous, puisque vous aydez sa fabrique
en toutes sortes de manières, jusques à faire venir de
l'Orient ce que l'on auroit seulement grande peine d'esperer.
Et en effet, j'avois quitté toute sorte d'esperance de ce costé
là ; mais c'est beaucoup quand l'on peut en sçauoir des
nouuelles chaque année, comme vous remarquez fort bien,
c'est pourquoy j'apprendray desormais à avoir patience et
essayray de disposer tellement chaques liures, particulièrement des instrumens, que je pourray tousjours y ajouter
quelque chose suivant les memoires et nouuelles qui vous
pourront arriver. Quant aux Rituels des Grecs le père
Raynaud les a fait venir depuis peu de Venize ; je les feuil-
leteray quand ils seront reliez. Pour le maistre de musique
du pays des Mores, si nous luy envoyons quelque liure de
musique latin ou françois le moyen qu'il le puisse entendre !

Voulez vous que je vous enuoye des airs de Boisset (2) ou
des plus nouueaux imprimez chez Balard (3) pour les luy
faire tenir ; mais comme entendra il nos notes? Si quelqu'un

(1) Ce fut un des correspondants de Peiresc. Voir une lettre de ce dernier « au R.-P. Raynaud, minime, » du 1er mai 1634, dans les minutes
conservées à l'Inguimbertine (registre IV, f° 661).

(2) Sur le musicien Boisset ou Boesset voir les *Historiettes* de Tallemant
des Réaux (tome I, p. 303 ; tome II, p. 268).

(3) Le libraire Robert Ballard fut un des éditeurs de l'*Harmonie universelle* (1637). La paresse de ce libraire est dénoncée dans une lettre de
Mersenne à Constantin Huygens, du 3 janvier 1647 (Correspondance de ce
dernier, La Haye, t. 1, p. 49).

du Levant qui entende le françois, le latin, l'italien, ou le grec nous pouuoit expliquer ce livre ou la pratique de leur musique, il nous obligeroit bien fort. Quand vous m'aurez adverti de ce qui sera propre pour cet homme, je m'efforceray de le treuver pour le luy envoyer. Je vous envoye desjà à tout hazard le 1er cayer de ma musique que vous auez desjà veu, si vous jugez à propos de le prevenir de cela, sinon je luy enuoyeray tout que vous aurez autrement jugé. Je prolongeray tout doucement l'impression jusques à ce que vous ayez recouvré tout ce que vous esperez ; mais s'il y a moyen qu'ilz mettent quelque peu d'intelligence en quelque langue vulgaire ils nous delivreront de grande peine. Je n'espere pas qu'ils approchent en aucune façon de la perfection de nostre musique non plus que de nos spéculations : mais cela seruira du moins d'ornement et fera paroistre la diligence de ceux qui affectionnent les bonnes lettres. Les additions de vostre main me font voir que vous auez meilleure estime des fontainiers que ceux qui les connoissent plus particulièrement : et je n'espere pas grande lumière de leur costé. Quant aux vases je croy que l'on en viendra plus aysement à bout quoy qu'ils n'ayent pas que je sçache d'autres mots pour en exprimer les ornements et les parties que ceux de l'architecture qu'ils imitent. Du moins vous pouvez vous asseurer d'une chose à sçauoir que je pourray executer pour ces desseins ou pour tel autre dans lesquels vous m'employerez, que je le feray avec autant de promptitude et d'affection qui me sera possible.

J'ay dez aujourd'huy enuoyé querir mons^r Hardy (1) affin de pouvoir dechiffrer avec luy vostre Arabe, mais nous

(1) Nous avons fait connaissance avec Hardy par l'intermédiaire du P. H. de Coste. Mersenne ne pouvait s'adresser à un meilleur arabisant : Paul Colomiès, *Gallia orientalis*, p. 165, atteste qu'il savait admirablement la langue arabe, *Arabiæ linguæ eximie gnarus*. D'autre part, le P. Morin, de l'Oratoire, a loué en lui, *Exercitationes Biblicæ*, in-f°, p. 527, le polyglotte en général, l'arabisant en particulier : *Sed præsertim Arabicæ linguæ peritissimus*.

n'auons encore peu y entendre chose aucune. Il s'y estudiera exprès et nous consulterons Monsr de Ries qui entend fort bien le Turc (1), car Mr Gabriel (2) est à Bourgfontaine où il s'est retiré pour travailler sans estre interrompu. Et si au bout de tout nous ne pouvons en tirer l'intelligence, il faudra, si faire se peut, la mendier du Cayre si quelqu'un y entend nos notes et les leurs. J'aurois beaucoup de choses à vous escrire sur la science des longitudes de Mr Morin (3) et de l'establissement du 1er méridien, si je ne sçauois que l'on vous en ayt mandé ce qui en est.

Or il ne faut pas que j'oublie à vous remercier des Tymbales et Tymbous (4) que vous m'avez envoyez, dont je suis fort ayse d'autant que je ne les auois pas : je vois que les tymbales de Prouence sont à peu près semblables aux Timbous. Je voudrois bien sçavoir si les Turcs, Persans, Tartars, Moscovites, Œthiopiens, Malabrois, et Japonois se servent de ses timbales et s'ils meinent autant de bruit que nos Tambours. Il me semble que vous m'avez dit que vous pourriez disposer d'un excellent fondeur de cloches pour sçauoir les proportions qu'il garde à en faire la figure et à les fondre. Je ne sçay si Mr Dony aura fait acheuer l'impression de son nouuel instrument qu'il dédie au pape et dont il m'a envoyé un dessein grossier linéaire. Il m'es-

(1) André Duryer, qu'il ne faut pas confondre avec son homonyme Pierre, l'académicien mentionné dans la notice de H. de Coste, naquit à Marcigny (Saône-et-Loire), fut consul en Égypte, publia une grammaire turque en latin (1630), traduisit en français le *Gulistan* de Sadi (1634) et le Coran (1647). Il fut seigneur de Malezair et chevalier de l'ordre du Saint-Sépulcre. L'auteur du *Gallia Orientalis* l'appelle (p. 163) *Vir Arabicæ et Tunicæ linguæ peritissimus.*

(2) Sur Gabriel Sionita ou Sionite, docte maronite, né à Edden, bourgade du mont Liban, mort en 1648, âgé de 71 ans, professeur d'Arabe et de Syriaque au collège royal de France, voir le mémoire de Goujet, t. III, p. 272-279.

(3) Le mathématicien-astrologue J.-B. Morin déjà nommé.

(4) Je ne trouve pas le mot *tymbou* dans nos dictionnaires. Faut-il y voir un diminutif très peu usité du mot *timbale* ?

crivit il y a très longtemps qu'il y metteroit quantité de choses de la musique et des instruments antiques. Dieu vueille que je puisse voir son liure (1) avant que de mettre fin au mien affin de luy donner la louange qu'il meritera comme je luy ay mandé. Si vous en avez le premier vous m'en ferez part presto. Je suis maintenant occupé à trouver comment Pindare faisoit chanter ses odes, affin d'en donner quelque exemple aussi bien que de celles d'Horace, vous y verrez de beaux chants et de beaux mouvements.

Je me viens encore d'aviser d'un expedient pour contenter ce musicien du Cayre, si vous le jugez à propos. A sçavoir de vous envoyer pour ce sujet la grande question de la musique que je feis imprimer dans la Genèse et laquelle est reduite dans un livre entier, car il en entendra peut estre mieux que le françois, à raison qu'il y a quantité de grec et d'hebreu. Et si tost que je receuray vostre ordre et vos prochaines lettres, je l'empaqueteray pour vous l'envoyer. Je suis cependent,

Monsieur,

Vostre tres humble et obligé serviteur

F. M. Mersenne, Minime.

De Paris ce 14 may 1634 (2).

IV

(*Même adresse.*)

Monsieur,

J'ay esté fort aise de n'auoir pas encore fait tirer tout à

(1) Le livre sur la musique que Peiresc attendait des pays orientaux.
(2) Bibl. nat. fonds français, 9543, f° 2. Autographe.

bon (1) la feuille du luth affin d'y corriger ce que je dis des Grammairiens selon vostre desir, que j'essayray de suiure dans toutes les autres propositions, dans lesquelles si je reprends quelque erreur que l'on aye fait dans la musique, ce sera en general seulement, affin que l'on ne s'abuse pas. Quant à Mr Doni j'ay receu depuis peu de ses nouuelles, on m'a appris qu'il n'auoit pas encore commencé à imprimer son liure. C'est pourquoy j'espère qu'il verra le mien le premier. Il m'a ennoyé un liure contre le mouuement de la terre d'un Jesuite, mais il ne traite que l'Ecriture Sainte et par l'αὐτὸς ἔφα. Il dit qu'il y en a d'autres qui travaillent à cela mathematiquement et fisiquement sans les nommer, c'est ce que je desirerois voir, comme je n'estime pas que l'on puisse auoir aucune raison de consequence contre ce mouuement. Je seray bien ayse de voir M^r vostre cousin pour ce qui est de l'Echo du luth, car je n'en ay seulement pas fait plusieurs fois l'experience, mais je veux en donner la vraye raison dans le 3 ou le 4 liure sans recourir à la sympathie qui n'est qu'une pure fuite des difficultez. Je luy en diray bien d'autres que personne ou peu ont apperceue. Le pere Theophile (2) oublia à me dire que les dervis et autres de pardela aimassent la musique : quoy qu'il en soit je vous ennoyeray la grande question de la musique laquelle est la derniere que j'ay, car je n'en auois fait tirer que 14 ou 15. Je croy qu'elle vaudra bien le liure, dans lequel je n'espere pas que nous trouuions grande chose, car il n'y a que les simples Iutervalles de l'alphabet musical expliquez. Je ne sçay s'il n'y auroit point moyen d'en auoir quelque autre plus elevé en cette matière ; du moins il faudroit essayer de le sçavoir, et quel estat ils font de cettuy cy. Pour vostre escuelle [on lit *escalle* ou *escolle*, mais plus loin la bonne forme est donnée] s'il n'y avoit quelque instrument fort extraordinaire, il n'est pas be-

(1) Tout-à-fait.
(2) Sans doute le P. Théophile Minuti.

soin de l'enuoyer, puisque lesd. instruments sont semblables aux nostres. Je trouve l'air fort beau que vous m'auez envoyé mais peut-estre que ce Turc galerien l'a appris des françois. Si vostre Grenadin revient et qu'il entende quelque chose en la musique, il nous pourra esclaircir de beaucoup de choses. J'ay receu la lettre de Mr Dony ; je luy ay offert des chansons du comte Thibaut et du Roy de Navarre (1) du mesme temps et tout ce qui sera dans mon pouvoir, de sorte qu'il n'a plus qu'à me commander.

Or après avoir passé sur les points de vostre lettre excepté sur les manuscrits grecs lesquels je vous prie ne m'envoyer point jusques à ce que vous m'ayez fait sçavoir s'ilz ont quelque chose qui merite d'estre consideré, je veux acheuer la presente par de certaines observations dont j'espère que vous receurez du contentement. 1º L'espée du Roy de Suède a esté icy vendüe par un saxon depuis 3 ou 4 jours, mais sans les gardes qui valloient 10,000 livres, il n'y a donc plus que la lame de Damas encore toute sanglante en forme d'acinax (2) large de deux doigts chargée des deux costés depuis le haut jusques au bas de charactères magiques et astrologiques gravez en or avec 3 croissans d'un costé et audaces fortund juvat et de l'autre un soleil qui jette des larmes (*sic*), un grand croissant dessous et puis Adolphus Gus-

(1) Thibaut IV, comte de Champagne et roi de Navarre, naquit en 1201 et mourut en juillet 1252. Ses chansons ont été publiées pour la première fois en 1742 par l'académicien Lévesque de la Ravaliere, compatriote du royal poète (2 vol. in-8º) ; elles ont été publiées de nouveau en 1829 et en 1851 et j'ose ajouter qu'une quatrième édition serait indispensable. Voir sur Thibaut l'*Histoire littéraire de la France*, t. XXIII, 1856, p. 765-804, article sur *les trouvères chansonniers* par Paulin Paris. De ces pages de l'éminent critique on aime à rapprocher ce qu'a dit du roi chansonnier M. Gaston Paris dans le premier volume de son excellentissime *Manuel d'ancien fqançais* (*La littérature française au Moyen-Age*, Paris, Hachette, 1890, 2ᵉ édition), volume que j'ai beaucoup loué, sans le louer assez, dans un numéro de la *Revue critique* de la même année.

(2) Du mot *Acinaces*, nom d'un cimeterre, d'un sabre court et recourbé en usage chez les Perses et les Scythes.

tavus rex Sutice. Celuy qui l'a achetée est de Dijon et en veut faire un present au Roy et se met fort en peine de scavoir la signification desdits charactères (1).

J'ay receu des observations des pilotes excellens que la mer n'a nul reflux vers l'equinoctial ni du costé de l'Affrique ni de celuy de l'Amerique ni aux costes du Dannemarc et au delà : et que le plus grand du monde est à St Michel. M. Morin est au 5 livre de l'impression de sa science des longitudes et fait aussi imprimer contre l'appologie de Lansberge pro motu terrae. Il adjoutoit un traité des causes du reflux, mais la communication de mes observations luy a fait changer d'auis.

J'ay icy vu une lettre de Galilée où il dit auoir assez de santé et de temps pour acheuer toutes ses œuvres, dont je suis tres ayse. Mr le garde saux fait imprimer d'excellentes notes sur Tertulien à ce que l'on m'a dit, le liure aura 100 feuilles (2).

Au reste nous rostissons icy de chaleur ; je croy que si le temps continue que l'on descendra la châsse de Ste Geneviève. J'oubliois de vous dire que j'ay esté si indulgent auec le graveur du luth que je ne voulu pas le contraindre de le refaire à droit. Du moins il me servira pour aduertir que nous en auons deux en France qui en jouent à gauche, ce qui est fort rare. Mes autres graveurs n'ont point encore failli, mais ce n'a pas esté sans prendre de la peine aprez eux. Voyla, Monsieur, ce qui me vient de present en memoire. Si je recouvre quelque excellente pièce de luth ou de

(1) Voir le fascicule XVIII des *Correspondants de Peiresc*, p. 50, note 1, sur un sabre de même roi de Suède, sabre qu'il ne faut pas confondre avec la présente épée, et qui avait été donné au collectionneur Boniface Borrilly par l'archevêque d'Aix, Alphonse de Richelieu. Je ne voudrais garantir l'authenticité d'aucune des deux armes.

(2) C'était une fausse nouvelle, le garde des sceaux d'alors, Pierre Séguier (1633-1635) n'ayant jamais songé à commenter Tertullien. Nous verrons un peu plus loin que Mersenne dément le renseignement que, mal informé, il avait transmis à Peiresc.

guitare je vous l'enveray avec la question entière comme elle est, car pour des airs nouueaux imprimés il n'y a rien qui vaille que je sçache. J'ay leu les belles remarques de Ponthias (1) par la faveur de Mr du Puy. La chose est digne de grande consideration et particulièrement, ce que vous avez observé de Venise à Trente. J'espère que si Mr Gassendi est avec vous, qu'il recevra ces très humbles recommandations. Mais je me souviens d'un papier où vous envoyez un triangle équilatéral inscrit dans un cercle pour sçauoir s'il a de la correspondance avec la musique. Je ne sçay pas pourquoy vous le demandez, mais il est certain, car il represente le diapason diapenté (2) et l'octaue. Il seroit aysé de trouver beaucoup d'autres rapports si on vouloit le comparer avec tous les autres triangles qui peuvent estre inscrits dans les mesmes cercles ou avec les autres figures regulières. Mais de perdre le temps à cette recherche, si l'on n'en sçait l'usage et la consequence il est malaysé de s'y resoudre si vous ne le commandez entièrement.

Les Turcs du Cayre trouueront assez de musique dans la question que je vous enuoye, et vous aurez le plaisir de voir une thèse avec l'image de nostre S. Francois de Paule, laquelle nous disputasmes dimanche aux Jesuites en bonne compagnie de Conseilliers d'Estat et autres personnes de qualité. Je vous l'envoye parce que je croy que vous aymez bien le saint.

J'oubliois à vous dire qu'il y a un instrument admirable de

(1) Peiresc, qui s'était beaucoup occupé de l'étude des courants atmosphériques, avait reçu d'un de ses correspondants, le sieur Boulle, en 1634, une relation du vent connu à Nions sous le nom de vent de Ponthias. Cette relation, qu'il s'était empressé de communiquer à ses savants amis, est conservée à l'Inguimbertine dans le registre LIII tout rempli d'observations sur diverses merveilles de la nature.

(2) Terme de musique grecque, synonyme de quinte. Comme dans la phrase de Mersenne, les deux mots *diapason diapente* sont rapprochés dans un vers du poème de la Chasse par Gace de La Buigne. Voir *Histoire littéraire de la France*, t. XXIV, p. 751.

musique venu de la Chine à Londres, on le charge sur le dos, et en toute sorte de façons asçavoir le luth, le tambour, la trompette, etc. Si je pouuois descouurir le lieu de Londres où il est, j'essayrois à en fere prendre un dessein.

Nous avons visité en compagnie des plus habiles hommes en musique l'air Turc et n'avons rien trouvé de different de nostre musique. Nous voyons icy plusieurs relations des diables de Loudun (1), dont on attend l'issue (2), mais je m'imagine que l'on vous aura escrit les particularitez de tout le procédé des exorcismes, c'est pourquoy je n'ajouste plus autre chose sinon que je suis Monsieur

Vostre tres affectionné serviteur

F. M. Mersenne, M^c

Ce 2 juillet 1634.

[Sur chaque page il y a 3 lignes de Post-scriptum.]

Je ne m'estois pas imaginé que je peusse vous parler des eaux à ce voyage, mais estant expressement allé voir celuy qui gouverne les fontaines de Rougi et de Belleville sur Sablon, il m'a representé quantité de difficultez de sorte que si vous en voulez faire en provision il seroit necessaire d'envoyer icy quelqu'un des entrepreneurs pour s'instruire de toutes les particularitez ; j'ay donc seulement appris qu'à celle de Rougi, le M^c des œuvres et maçonneries du Roy et un controleur y ont presidé, qu'il y faut donc massons, carpentiers, limosins pour la taille des pierres, plombiers, etc, et qu'il faut un chef par dessus tout qui gouverne et qui règle toutes choses.

(1) Voir diverses indications bibliographiques sur la diablerie de Loudun dans une de mes trop nombreuses plaquettes : *Document inédit relatif à Urbain Grandier* (Paris, A. Picard, 1879).

(2) On devait encore attendre cette tragique issue pendant plus d'un mois et demi, car la condamnation et le supplice d'Urbain Grandier sont du vendredi 18 août 1634.

Il m'a monstré les instruments dont il mesure les lignes et les poulces d'eau ; si vous le desirez je vous en envoyeray le crayon selon que je le pourray faire. Je dois l'accompagner à la visite de ses regars après les grandes chaleurs.

Remarquez seulement monsieur que les vents qui se mettent dans les tuyaux empeschent souvent l'eau de couler et meinent de grands bruits comme des cris de taureaux, de pourceaux etc. et qu'un trou quarré ayant dix lignes en tout sens, fait autant couller d'eau qu'un rond, dont le diametre est de 12 lignes. Si je peux faire faire quelques tuyaux je vous envoyeray peut estre plus d'experiences que tout ce que l'on a donné ou fait jusques à present. Il sera bon de ne perdre pas vostre exemplaire de la chanson du Turc d'autaut que j'ay peur qne l'on ne me rende pas l'autre que j'oubliai hyer ou je[u]di (1).

V

(Même adresse.)

Monsieur, je vous envoye les 3 petîts traitez que j'ay faits, affin que vous en puissiez recevoir quelque contentement parmi vos occupations plus serieuses. Je vous prie d'envoyer à M. Doni, quand vous en trouuerez l'occasion, ceux où son nom est ; dont les questions morales, mathematiques, etc., sont differentes des vostres, parce qu'il y a des raisons pour le mouvement de la terre, sans refutation ; pour lesquelles j'avois mis la sentence des cardinaux pour medecine (2), comme vous verrez ; mais, parce que l'on me dist qu'il y avoit eu quelque bruict parmi les docteurs de Sorbonne à cause des raisons que je ne refutois pas, j'ay osté toutes les questions dont ils se pouvoient formaliser, et en ay mis

(1) Bibl. nat. fs. fr. 9543, fo 3. Autographe.
(2) C'est-à-dire pour antidote, ou, du moins, pour palliatif.

d'autres que vous verrez dans le livre pour Mr Doni, qui sera plus propre pour Rome. Neanmoins, si vous ne vous contentez de les avoir veues la dedans, je vous les envoyeray separées. Au reste je n'en envoye point à Mr Gassendi, parce qu'estant toujours avec vous il pourra les lire et voir tout le mal que je dis de luy serieusement dans un corollaire entier, page 66 des Preludes de l'Harmonie. Quoy qu'il en soit recevez le tout comme de celuy qui vous honore autant que nul autre et qui est tout

Vostre affectionné serviteur

F. M. Mersenne, Minime (1).

Ce jour Ste Annes (2) auquel je me suis mis en deuoir d'aller dans les voutes des fontaines avec le m[aistre] des fontaines pour observer, tout ce qui me sera possible pour vous enuoyer sur ce sujet. Mais Mr Gaillard n'a peu trouver de carroce, comme j'espere dimanche prochain pour le mesme sujet, si M^r L'Huillier veut prendre la peine d'y venir ou du moins de nous prester son carrosse. J'envoye aussi un livre des questions Harmoniques à Mr Doni auquel j'en auois desja enuoyé quoy qu'il die qu'il ne les a pas receües ; je les auois envoyez chez M^r d'Auvré, qui est allé à Rome (3). Je croy vous les avoir envoyées. Si vous jugez qu'elles doivent rester dans le grand œuvre avec les preludes, et qu'il en faille oster des unes et des autres quelque chose de superflu ou de trop aigre (4), ou d'y amplifier quelque chose, je suivray libre-

(1) M. Hauréau, *Notice sur Mersenne*, p. 154, a reproduit la première partie de la présente lettre et en a signalé l'importance, p. 155.

(2) Le 28 juillet.

(3) Faut-il lire d'Aubray ou d'Aubery? Les deux personnages, également liés avec Peiresc, furent l'un et l'autre des habitants de Rome, le premier, pendant quelques mois, le second pendant plusieurs années.

(3) Peiresc reprochait à Mersenne, soit en écrivant à ses amis, soit en écrivant au coupable lui-même, un peu trop de vivacité dans ses discus-

ment votre advis, puisque je le juge tel en toutes sortes de choses que les Roys mesme, se pourroient trouuer fort bien de le suivre. Cent mille recommandations à Mr Gassendi. J'ay icy vu un Mr de Seves de Baukairc, qui dit sçauoir merveille en l'astrologie et qui fait la nativité d'un chacun, en sçachant seulement le quantiesme du moys auquel il est nay sans se soucier ni de l'année, ni du jour de la semaine, c'est par un calcul qui va jusques aux tierces minutes plus viste que celuy de Ticho (1). Je ne sçay si vous le connoissez; il dit qu'il predit infailliblement ce qui arrivera de chaque maladie par la science astrologique des jours critiques, et qu'il en va faire imprimer la science qu'il cultive depuis 35 [ans] (2); il est grand dechiffreur. Nous auons aussi icy le s^r Gallé Liégeois grand mathematicien et ingénieur (3) qui

sions. Le savant religieux, d'habitude si bon et si doux, devenait terrible la plume à la main. Cette plume se transformait en un glaive dont il immolait sans pitié des adversaires souvent très respectables. M. Hauréau, *Nouvelle Biographie générale,* t. XXXV, p. 119, s'exprime ainsi, au sujet des invectives prodiguées par Mersenne à ceux qui n'étaient pas de son avis : « C'était, nous dit le P. Niceron, l'homme de son siècle qui était en réputation d'avoir le meilleur cœur, le plus droit et le plus simple. Nous n'hésitons pas à croire que cette réputation était méritée : il n'est pas rare, en effet, que les hommes les plus aimables soient des écrivains pleins d'amertume ».

(1) Tycho-Brahé, le grand astronome au sujet duquel il serait impertinent de rien ajouter.

(2) L'astrologue de Beaucaire n'a pas sans doute réalisé son projet, ou son livre a entièrement disparu dans l'oubli, car nulle part je n'en trouve la moindre mention.

(3) Sur Jean Gallé voir un excellent travail de M. C. Le Paige, professeur à l'Université de Liège : *Notes pour servir à l'Histoire des Mathématiques dans l'ancien pays de Liège,* Liège, 1890, grand in-8º, p. 48-52. Gallé était ingénieur militaire, inspecteur-général des fortifications. M. Le Paige dit, p. 90, après avoir mentionné *F. Marini Mersenni Ballistica et Acontismologia* (1644) : « Je profite de cette citation de l'ouvrage du célèbre P. Mersenne pour compléter la notice que j'ai consacrée à Jean Gallé. C'est lui, sans nul doute, que désigne le savant Minime sous le nom de *Galeus,* ingénieur de plusieurs généraux, et dont il rapporte les nombreuses expériences sur le tir des canons, faites devant l'Archiduc Albert, Spinola, le comte de Bucquoi. »

promet merveille et qui essaye d'estre au service du Roy ; je vous en escriray une autrefois plus amplement.

J'eusse envoyé d'icy les livres à Mr Doni : mais tout ce que je luy envoye se perd ordinairement. Je mets aussi un mot de lettre avec la vostre pour le luy enuoyer : quoy qu'il n'y ayt pas trop longtemps que je luy ay escrit et enuoyé pour la 2 [me] fois le cayer in-folio que vous avez vu des prebendes. Si Mr Doni a quelquefois quelque chose à m'enuoyer, je luy mande qu'il vous l'addresse, vous le luy confirmerez s'il vous plaist par la vostre (1).

VI

(*Même adresse.*)

Monsieur

Puisque vous me tesmoignez que mes lettres ne vous sont pas desagreables, je prendray maintenant la hardiesse de vous escrire plus souvent, non seulement quand j'auray receu de vos nouuelles, mais aussi à toutes les fois que j'auray quelque chose de nouueau, comme maintenant que l'on m'a enuoyé une grosse pierre de Poitiers, qui n'est point poreuse et qui nage sur l'eau. MM^{rs} du Puy l''ont vüe et plusieurs autres qui se sont imaginez que je persuaderois plus aysement la presence des démons par cet effet que les possédés de Loudun dont on nous fait icy des récits fort différens (2). J'attends vostre cousin avec passion pour veoir

(1) Bibl. nat. f. fr. 9543, f° 6. Autographe.

(2) Dans la plaquette sur *Urbain Grandier* déjà mentionnée, j'ai indiqué, p. 5, l'existence de deux courants contraires qui, depuis l'année 1634, circulent dans les innombrables ouvrages publiés sur le drame de Loudun. Il me serait facile d'ajouter de nouvelles citations à celles que je groupai dans mon livret de 1879.

comme il experimente la sympathie des chordes, et pour luy
dire ma raison, puisque vous le desirez : peut estre qu'il me
donnera quelque nouvelle lumière sur ce sujet et sur plusieurs autres choses. Si Mr Olain [nom de lecture douteuse,
peut-être Eslain] me tient promesse, j'experimenteray plusieurs choses sur les eaux pour ce qui appartient à leurs
forces et couleurs, car c'est luy qui gouuerne nos fontaines.
Quant à ce qui est des termes à fournir (1), il n'y en a
point d'autres que ceux que vous me mandez et dont vous
usez dans vostre lettre et il a mis sur sa mesure dont
il use pour mesurer l'eau ὑδρόμετρον (2). Si je sçauois
crayonner je vous mettrois icy toutes les mesures qu'il m'a
montrées, qui consistent en de petits cuivres ronds percez
depuis la grosseur d'une ligne qui est la plus petite jusques
à celle d'un poulce en diamètre qui est la plus grosse et ce
sont ces trous qu'il la verse et la distribue aux particuliers.
Mais puisque vous avez des fontainiers experts je croy qu'ils
auront de semblables mesures. Si vous voyez Mr Gassendi,
je vous prie de luy faire mes humbles recommandations ; je
vous envoye un liure où vous le trouuerez cité, dans lequel
j'ay mis mes questions de Preludes dont il y auoit une partie
avec se cayer que je vous envoyé parce que j'ay creu estre à
propos de les exterminer (3) de mon gros volume lequel
n'eust peut-estre iamais vû le jour sans votre liberalité, qui
luy donnera la naissance. Quant à la feuille du luth reim-
primée je vous l'envoye affin que vous jugiez si elle sera
bien maintenant comme elle est tirée tout à bon. Je vous
rends graces de ce que vous auez donné le dernière main à

(1) Peiresc avait demandé à son correspondant la liste des expressions
dont se servaient les fontainiers pour désigner les objets utiles à leur
profession.

(2) Le mot *hydromètre* n'était-il pas encore employé en 1634 ? Le
Dictionnaire de Trévoux ne le cite que d'après Fontenelle.

(3) Le sens propre du mot est chasser, expulser (de *ex*, hors, et *termi-
nus*, terme, limite). *Exterminer*, c'est faire disparaître, et, par extension,
faire périr.

l'inclination que j'auois conceüe de ne toucher personne qu'honorablement, la douceur estant preferable à toute autre chose et j'espère que vous n'avez pas jetté votre aduertissement dans une terre sterile ou ingrate. Il y a longtemps que je fus voir le s^r de Chartres affin de le faire jouer de sa musette organisée, d'autant que je l'auois fait graver longtemps avant qu'il vint d'Italie et s'il n'est encore parti, j'essayray à le voir pour tascher en avoir le crayon de l'instrument de la Chine. J'ay aujourd'huy dit à Mr Hardy l'estat que vous faisiez de son merite et l'envie que vous aviez de le servir en presence de M. de la Brosse maistre des Requestes qui m'estoit venu voir, dont il s'est tenu fort honoré.

Or Monsieur puisque vous me voulez tant de bien, j'ay conceu un dessein que vous approuverez s'il vous plaist, à scavoir de vous envoyer toutes les feuilles qui s'impriment l'une apres l'autre, affin que soyez le juge si j'useray d'une aigreur envers qui que ce soit et que je suive vostre advis en tout et pour tout : et si vous voyez quelque chose qui ne soit pas traittée assez à fond ou au long, et que vous m'y donniez quelque nouvelle lumière, je sçauray lire ou remplacer ce que je receuray de vostre costé. Mais il sera bon que vous reteniez les feuilles sans les perdre affin que toutes ensemble elles fassent le volume pour quelqu'un de vos amis de par de là : car pour celuy que je vous enuoyray, il sera de bon papier et si je peux recouurer quelqu'un de vos fers, jen feray charger la couverture, et mesme ne feray rien en la dedicace que je ne vous le communique devant, affin que le tout soit fait selon vostre souhait. Quant aux chansons du conte Thibaut et du Roy de N[avarre] elles sont dans des manuscrits qu'a un curieux d'icy. Mais pour le temps de Charlemagne, je n'ay rien veu qui vaille la peine d'en parler. L'on m'a dit qu'au Mont Athos ils ont un gros livre de musique grecque, que les heretiques faisoient chanter du temps d'Arrius pour entrainer le peuple à leurs opinions par leurs beaux chants, comme de nos jours quelques autres ont amassé beaucoup de jeunes enfans. Le s^r Romin moine du ce Athos, qui a esté si longtemps chez M^r l'archevesque de Rouen (1), m'a dit qu'ils chantoient dans un gros livre de St Jean Damascène rempli de plusieurs chants : s'il y avoit moyen d'en retirer copie, cela nous donneroit peut-estre quelque lumière particulière.

Maintenant que M. Gabriel est de retour, je m'en vais redemander le manuscrit Arabe de musique lequel sans doute n'est pas grande chose à celuy qui n'y peut venir à bout, afin de le communiquer audit Gabriel, et s'il y a quelque chose de notable je vous l'escriray incontinent. Si le Turc reçoit le liure que je vous ay enuoyé, de ma musique latine je suis asseuré qu'il y trouuera cent fois plus de mystere de doctrine qu'au sien, supposé qu'il le puisse entendre par quelque truchement. Si je sçauois que Mr Gabriel pust dechiffrer les charactères de vostre escuelle je vous prierois de l'envoyer, mais il sera bon que vous essayez par ceux que vous attendez, s'il les pourront expliquer.

Quant au père Théophile lequel je vous prie saluer de ma part, et de qui j'ay fait les recommandations, et à qui j'ay fait tenir vostre lettre en vous l'adressant par Mr du Puy je n'ay garde de l'interroger de la musique des Turcs, puisque je m'assurois de leur brutalité sur vostre relation, que vous n'approuuez plus maintenant c'est pourquoy je suis bien ayse de ne l'avoir pas employée. Mais je ne permettray pas que le pere en puisse faire une relation qui puisse servir à raison qu'il faudroit sçavoir la musique pour ce sujet et nous faisons mille chants et cadences semblables à celles de vostre galerien ; nous avons icy un chevalier de Malthe Mr de Rady qui m'a fait entendre chez M^r le 1er President des airs des Turcs et des Maltez sur son epinette. Il les a promis, mais il ne m'enuoye rien.

(1) François de Harlay, mentionné dans la notice du P. Hilarion de Coste.

Si celuy qui a entrepris la louange et l'estendue du ternaire et du triangle inscrit au cercle est geomètre il n'est pas necessaire de l'advertir d'aucune chose, puisque l'analyse luy peut fournir de solides conceptions sur ce sujet jusques à l'infini : par exemple quand un costé estant triple en puissance du rayon, et sous quadruple du diametre qu'ils font ces 2 consonnances (1) qu'il fait la suivante comparé avec la puissance des deux costez de l'exagone ; qu'il compose toutes les figures rectilignes, qu'il couppe geometriquement le cercle entier et sa moitié et son quart et son quint, etc., que la trisection de l'angle geométrique ne peut estre trouvée, quoiqu'elle se trouve par les solides, et par la quadratrice et l'helice qui sont problèmes lineaires. Il trouuera encore plusieurs choses du triangle dans les nombres figurez et pourra se servir des 3 principes de chymie, etc. Et puis toute l'harmonie possible est comprise en 3 voix sans que la 4, ou les autres jusques à l'infini y puissent rien ajouter.

Pour ce qui est de l'espée du Roy de Suède au sens des charactères je suis d'auis que vous la laissiez telle qu'elle est puisque nostre Mr Morin a verifié que cela ne se rapporte nullement à sa nativité. Il me semble que j'en ay veu la figure chez Mr du Puys mais j'estime que tous les charactères possibles ne sont que pures niaiseries. Or, Monsieur, puisque vous prenez si grande part en mon pauvre petit ouvrage je vous prie de consulter avec les plus subtils quel moyen il y a de mesurer la force du son comme l'on mesure son aigu et son grave. Je sçay que l'on peut s'eloigner de 10, de 100, de 1,000 pas, etc. affin d'experimenter de combien l'un s'entend de plus loin que l'autre, mais outre que cela est fort sujet à caution, cela est trop penible, et il faut une mesure facile et prompte à la main comme est le monochorde pour l'aigu. Semblablement d'où peut venir la force des paroles qui retiennent les chevaux, ou qui guarissent les maladies,

(1) Ici des notes de musique que nous ne croyons pas devoir reproduire.

comme a fait depuis peu un prestre un flux de sang par de certains mots que 3 medecins n'auoient pu guérir (1). Car de rapporter cela au pacte avec le diable, ceux qui les prononcent renoncent à toute sorte de part tant implicite qu'explicite.

Si vous sçaviez l'industrie dont Mr de Bené, d'Arles, muet naturel avoit appris à lire et à escrire [si bien] qu'il a fait l'histoire d'Arles (2) et comme un Benedictin dont F. Valesrus fait mention dans sa sacrée philosophie (3) apprenoit à parler aux muets, vous me feriez plaisir de m'en escrire quelque chose : ou mesme si vous en sçavez quelques autres observations. Et s'il est entierement maistre de conclure la presence de quelque ange bon ou mauvais lors que quelqu'un se tient en l'air eslevé d'un pied ou d'une lieue l'espace d'une heure ou plus. Mais j'ay quasi oublié les observations du flux qui consistent seulement à sçavoir relation unanime des pilotes qui tous disent qu'il n'y en a point aux costes d'Afrique et par delà ni à celles de Norvege etc., mais delà depuis le 26 degré jusque au 66 et que le plus grand de tout le monde qu'ils ayent veu est au mont St-Michel. Je suis maintenant après à representer une nouvelle ligne que me donnera peut estre quelque lumière que vous aggreeres si

(1) Ici et en beaucoup trop d'autres occasions le P. Mersenne se montre, comme disait Adrien Baillet (*Jugements des Savants*) « le plus facile des hommes ». Gabriel Naudé, dans les admirables mélanges connus sous le nom de *Mascurat*, signale ainsi l'excessive crédulité de Mersenne (p. 667) : « Il me semble d'avoir veu ce dernier à Aix, lorsqu'il retournoit d'Italie. C'estoit un Minime, duquel tout le monde faisoit grande estime, et en effet il me souvient que j'ay vendu beaucoup de livres qu'il avoit composez sur toutes sortes de sciences ; mais neantmoins on l'accusoit de croire trop facilement à beaucoup d'histoires et d'expériences naturelles, lesquelles quoyque très fausses il débitoit par après pour veritables. »

(2) Cette histoire d'Arles n'a certainement jamais été imprimée. Connaît-on l'auteur plus que l'on ne connait son travail ?

(3) Cette *sacrée philosophie* ne m'est pas moins inconnue que l'histoire d'Arles qui vient d'être citée.

je la descouvre. En attendant, Monsieur, je suis bien vostre
très affectionné serviteur.

F. M. Mersenne, Minime.

De Paris
mesme jour que j'ay receu la vostre
ce 26 juillet 1634.

Si neanmoins après avoir leu les Preludes de l'harmonie
que je vous envoye et les questions armoniques que je vous
ay aussi enuoyée vous jugiez estre à propos d'en faire le
1er livre de mon grand œuvre, je les recommencerois en
ostant tout ce qui vous y pourroit deplaire, suivant ce que
vous m'en escririez, car je commence par les instruments à
faire imprimer. J'ay encore oublié le triangle inscrit. C'est
pourquoy j'ajoutte le feuillet separé affin qu'il n'y ayt rien
où je manque à vous satisfaire de tout mon pouvoir (1).

VII

« A Monsieur de Peiresc, Conseiller au Parlement
d'Aix, à Aix. »

Monsieur,

Encore que je vous aye escrict depuis peu, neantmoins je
manquerois grandement à mon devoir, si je n'ajoutois cellecy
pour vous asseurer de la faveur que j'ay receüe de vostre
liberalité par les mains de Mr vostre cousin, que je connois-
sois fort bien de veüe il y a longtemps, mais je ne sçavois
pas encore son nom, et quant et quant pour vous en remercier jusques à ce que j'en tesmoigne mes sentimens à tous
ceux qui sont capables de lire en grosse lettre. Il y a 20 escus
d'or (*sic*), 13 pistoles d'Hespagne, un quadruple d'Italie,
29 demies pistoles, et 40 sols.

J'espère qu'il sera employé si fidellement que vous en
recevrez du contentement avec l'ayde de Dieu. Or il ne faut

(1) Bibl. nat. fs. fr. 9543, f° 7.. Autographe

pas que ma lettre s'en aille sans quelque nouveauté, qui consiste dans un anneau que l'on tient estre formé par une grande quantité de serpents qui s'entortillent ensemble et qui laissent tomber sur eux ceste pierre, quand il se separent ; quelques-uns tiennent qu'elle guarit des enfleures, et qu'elle a une grande vertu. Mais aprez [avoir] consulté Gesnerus (1) et quelques medecins la dessus, je n'y ay peu rien apprendre. Si vous en sçavez quelque remarque, vous me ferez plaisir de me l'apprendre. L'anneau est tacheté comme de couleurs, et semblable à du verd, ce qui me fait soupçonner qu'il soit fait par artifice humain, quoyque celuy qui me l'a baillé soit un homme fort simple qui dit l'avoir eu par testament d'un amy. J'espère bientost faire une experience sur quelque gentillesse dont je vous escriré si elle me reussit. Si vous sçavez quelque gentillesse des Echo, ou quelqu'un qui en ayt expressement escrit, je vous prie de me le mander. L'on m'a dit qu'un Hespagnol en a escrit en sa langue et celuy qui l'a lu m'a asseuré qu'il y a escrit d'un qui respond en une autre langue, exemple en Hebrieu quand on parle Hespagnol. Mais il y a plus de dix ans qu'il l'a presté sans jamais l'avoir peu retirer. Je n'ay veu personne qui en parle que Blancus (2), mais il ne me satisfait pas. Si jamais j'estois en quelque lieu où j'eusse le moyen et la commodité de faire les experiences necessaires pour ce sujet, je ne desespererois pas d'en pouvoir regler la science par l'art. Je m'en vais essayer d'induyre Mr Gabriel (3) à terminer la musique arabe si ce n'est que sa bible l'en empesche, et en effet, je suis marry de le destourner d'un si excellent ouvrage : et si j'en peux venir à bout, je le feray imprimer, ou il ne contiendra rien qui vaille.

Je ne vous repete rien de ce qui est dans mes 2 dernieres, parceque je voy que vous les avez maintenant reçeües.

(1) Il s'agit là de Conrad Gesner que l'on a surnommé le *Pline de l'Allemagne*.

(2) Ce *Blancus* m'est totalement inconnu.

(3) Gabriel Sionita déjà nommé.

J'ajouteray pourtant encore que vous aurez un livre des nouvelles pensées sur la lumière (1), l'autre des debordemens du Nil (2) qui merite que vous le voyiez, si vous ne l'avez desjà. Si vous aviez aussi fait quelques observations pour apprendre les sourds et les muets à apprendre à lire, escrire et parler, je suis bien aise d'en estre averti, car j'en traite dans mon livre, ou plustost vostre livre, puisque c'est vous qui le tirez de la poussière, ce qui me rendra desormais plus hardy pour vous proposer quelques-unes de mes difficultez, affin d'y pouvoir ajouter quelque chose pour vostre instruction. La relation que vous feistes de ce vent qui se distribüe dans les terres de Vainisse (3) et dans les jardins voisins, m'a pleu si fort que je desirerois bien sçavoir l'éloignement du lieu d'avec quelque ville prochaine, et les noms latins et françois de tout ce qu'en concerne la description, affin d'en user dans la partie pneumatique de mon Harmonie. Je voudrois bien aussi sçavoir les singularitez des sales d'Italie, ce me semble, de Mantoue ou de Florence qui font entendre les moindres choses les plus basses d'un bout à l'autre, à scavoir si c'est au moyen d'un canal, ou de la seule continuation d'un bois, ou de la figure elliptique du

(1) Le *Manuel de Bibliographie universelle* de Ferdinand Denis, Martonne, etc. ne cite aucun ouvrage sur la lumière entre celui de M. A. de Dominis (Venise, 1611, in-4°) et celui de Kircher (Rome, 1646, in-f°). Les livres d'Isaac Vossius sur la lumière sont encore postérieurs à celui de Kircher (1662 et 1663).

(2) Pour le *Nil*, comme pour la *lumière*, je ne trouve que des ouvrages auxquels chronologiquement ne peut s'appliquer l'indication donnée par Mersenne, l'un, *Admiranda Nili* par Marc Frédéric Wendelin étant de 1623 (Francfort), l'autre de l'académicien Cureau de la Chambre (*Discours sur les causes du débordement du Nil*) étant de 1665.

(3) C'est-à-dire les terres du Comtat-Venaissin où les travaux de canalisation étaient déjà très remarquables et où l'on avait surtout utilisé les eaux de la Sorgues qui sortent de l'admirable fontaine de Vaucluse. — En relisant cette note à quelques jours de distance, je me demande s'il faut la maintenir et si mon explication n'est pas trompeuse. Ce qui m'inquiète, c'est ce passage d'une lettre du capucin Gilles de Loches à Peiresc, du 14 septembre 1635, f. fr. 9539, f° 286 : « Depuis huict jours je luy ay envoyé [à Mersenne] les dessaingz de quelques machines qu'il a desirées de moy,

lambris : Si je l'avois veu comme vous, j'en serois hors de peine. J'escris un petit mot à M. Gassendi enfermé dans la vostre, et j'attends à dimanche prochain le carrosse de M^r L'Huillier pour aller voir les fontainiers de Belleville ; je croy qu'il y viendra aussi. Si vous sçavez quelque Musique qui ayt esté faite par les eaux, ou par quelque autre industrie, je vous prie de me le marquer.

Nous avons maintenant une Académie françoise qui se tient chez M^r le Garde sceaux (1), qui en est et Mr Servian, Botru, Balzac (2), et les autres ; ils donnent la loy au langage et feront une grammaire et un dictionnaire pour determiner les dictions propres pour la comedie, pour la tragedie, pour les harangues, pour le style simple, mediocre et relevé. Enfin si elle dure nous en devons attendre de grand fruit (3).

Je serois bien ayse de sçavoir si vous n'avez jamais vu d'anneau, ou d'autre chose semblable, où l'on tint quelque esprit enfermé, et si vous n'avez point eu de certaine relation de ce mouvement perpetuel dans un anneau avec de l'eau bleue ou de celle de la mer de Cornelius Drebel (4). J'avoys pensé qu'en mettant de l'eau de la mer dans un anneau creux de mer, qu'elle auroit peut estre son flux et reflux de 6 heures en 6 heures comme celle de l'Ocean, mais je suis trop eloigné pour en faire l'experience et ne croy pas qu'elle se meuve separée de son tout, non plus que le sang hors de sa veine.

Semblablement si vous n'avez point leu, veu ou ouy dire

qui sont souffletz à eaux, laquelle seule engendre le vent sans autre attirail... et par ce moyen on peut faire mille beaux artifices. J'ay apporté l'invention d'Italie... » D'après cette dernière indication, aux terres du Gomtat Venaissin il faudrait substituer les terres des environs de Venise.

(1) Pierre Séguier. Voir la monographie consacrée par M. R. Kerviler à ce second père de l'Académie française.

(2) Sur Servien, sur Bautru, voir les notices spéciales de M. R. Kerviler qui malheureusement ne s'est pas occupé de J.-L. Guez de Balzac.

(3) Dieu merci ! elle a duré, elle durera, justifiant sa fière devise et le *fruit* en sera toujours aussi doux que profitable.

(4) Sur cet ingénieur du roi d'Angleterre, mort à Londres en 1634, voir les *Lettres de Peiresc aux frères Dupuy*, t. I. p. 486, t. II. p. 67.

que quelqu'un se soit elevé en l'air quelque temps, ou qu'il ayt volé notablement, en s'elevant de terre comme les oyseaux sans se lever sur une terre. Le s^r Baudier dans son livre de Turquie (1) dit merveille des voltiges qu'ils firent à la circoncision du fils du grand seigneur. Mais il ne dit point que personne vollast. Nous avons icy tant de pluye depuis 3 semaines, que l'on est aussi prest de descendre nos chasses pour le beau temps, que l'on estoit devant pour la pluye (2). Il ne me reste plus rien pour ceste heure que de vous protester que je suis tousjours de plus en plus

Vostre trez affectionné et obligé serviteur.

F.-M. MERSENNE, Min.

Ce 2e d'Aoust 1634 (3).

VIII

(Même adresse.)

Monsieur, je suis bien ayse que nulle de nos lettres n'ayt esté perdüe, affin qu'elle vous tesmoignent le soin que j'ay de vous faire sçavoir tout ce que je juge digne de vostre

(1) Michel Baudier, mort en 1645, est l'auteur de l'*Inventaire de l'histoire des Turcs* (1619, in-4°) et de l'*Histoire générale de la religion des Turcs* (1626, in-8°). Voir sur cet historiographe de France plusieurs passages du tome III des *Lettres de Peiresc aux frères Dupuy.*

(2) Nous avons vu plus haut que l'on se proposait de faire une procession solennelle pour obtenir la fin de la sécheresse.

(3) Autographe communiqué par M. Émile Picot et qui fait partie de la collection de M. le baron Franck Seillière (Cat. 1890, n° 310). L'adresse manque. On a écrit au dos de la lettre : *Le Père Mersenne, Minime, à Fabry de Peiresc le 2 d'Aoust 1634.* M. Picot ne s'est pas contenté de mettre à ma disposition cette curieuse lettre ; il a bien voulu m'aider aussi à déchiffrer ce que j'appellerais un diabolique grimoire, s'il ne s'agissait pas d'une lettre écrite par un saint religieux. Le premier des paléographes de France (j'ai nommé M. Léopold Delisle) a daigné nous donner son concours pour l'enlèvement de quelques mots particulièrement difficiles.

curiosité : et parceque vous desirez que je vous escrive desormais par articles, j'y commence dès maintenant et dis :

Premièrement, que j'ay esté 1,500 pas en terre pour voir le canal des Fonteines avec le maistre d'icelles mais le bruit des villageois au dessus de nos testes estoit si grand que nous ne peusmes quasi rien observer, c'est pourquoy je l'ay prié de me prester ses clefs pour quelque jour ouvrier affin de n'estre troublé de personne et de n'incommoder point ces affaires car il m'y accompagna un jour de feste. Depuis vostre liberalité (1), je n'ay point reveu M^r vostre cousin comme il m'avoit promis, peut estre qu'il s'en est allé à Rouen. Quant à la Fueille il y a 4 ou 5 ans que je le veis chanter à Amiens et du depuis je ne l'ay point veu, car il ressemble le juif errant.

Secundo, vous ne verrez point d'aigreur contre personne dans mon grand ouvrage ; si je parle de quelqu'un, c'est en le loüant et les petits livres que vous recevez s'ils vous semblent aigres, contre les astrologues, judiciaires, ou quelques autres, ce qui n'arrivera peut-estre pas, ce seront les dernières [aigreurs] qui sortiront de ma main ; vous en verrez bientost le tesmoignage, si je vous envoye les fueilles à mesure qu'elles s'imprimeront comme je vous l'ay offert quoy que vous ne l'ayez pas accepté ne m'en escrivant rien.

Tertio, je vous envoyeray la pierre toute entière quand il vous plaira ; je croy qu'elle pèse 3 ou 4 livres ; elle n'est point spongieuse : il n'y a point d'eau autour du champ qui l'a produite : neanmoins s'il est necessaire d'en sçauoir plus de particularitez j'en escriray à M^r le Febvre qui me l'a envoyée, car je croy que son champ en est plein : et je ne trouve point de merveille qu'une pierre soit plus légère que l'eau puisque cela arrive au bois aussi terrestre.

Quarto, je ne vous peux dire autre chose de l'anneau sinon

---

(1) La somme en écus d'or, en pistoles d'Espagne, etc., mentionnée dans la lettre précédente et que Peiresc envoyait à Mersenne pour payer une partie des frais d'impression de son grand ouvrage sur la musique.

que plusieurs confirment la mesme chose pour d'autres qu'ils
ont vû, ou dont ils ont ouy parler : si le chymiste qui me
dist avoir parlé plus de 20 fois aux princes des diables, me
l'eust laissé plus longtemps, j'eusse examiné de combien il
estoit plus pesant que le verre.

Quinto, pour le livre arabe je ne manquerray pas de vous
le renvoyer si nous n'en pouvons venir à bout comme m'a
promis l'homme de la langue universelle à qui je l'ay baillé
pour ce sujet voyant les empeschements perpetuels de
Mr Gabriel : je suis asseuré que nous n'y trouverons pas
grande chose, non plus que dans les autheurs grecs manuscripts, dont on feroit un volume aussi gros que le calepin (1) du seul grec sans y comprendre la version : et si je
viens à en faire imprimer ce seroit particulièrement Ptolomée
et Aristide et peut estre Manuel Bryenius qui seront le plus
amplement et il semble que le dessin de M. Dony se jette
en cette partie, c'est pourquoy je ne la luy envoye point ; au
contraire, je l'ayderay en tout ce qui me sera possible sur
ce sujet, s'il m'en requiert.

Sexto pour le reflux je ne peux vous adjouter autre chose
de nouveau, sinon que l'absence de ce reflux ne s'etend que
dessus les costes, et non dessous l'equinostial et jusques
aux dites costes : celuy qui sceut cela des pilotes, ne les a
point veus depuis le voyage d'Angleterre qu'il feist. Je me
rejouis de ce que vos observations seront bien mieux cir-
constanciées : ce que j'eusse aussi fait si j'eusse parlé avec
eux.

Septimo, pour la figure dans le triangle, je vous dis encore
de nouveau qu'il n'y a que 3 accords divers dans la musique
le reste n'estant que repétition car de vous transcrire tout ce
que dit Bougny sur le ternaire ce seroit vous envoyer mal
escrit ce que vous avez imprimé. Je ne sçay point quel

(1) Le *Dictionnaire* latin-italien d'Ambroise Calepin qui parut pour la
première fois en 1502 (in-f°) et qui fut si souvent réimprimé dans le XVIe
siècle (avec successives augmentations).

autre mystère on y .peut rencontrer : s'il m'en vient quelqu'un en la pensée, je vous l'escriray (1).

Octavo, j'ay ouy dire à Mr Gallé qu'il a fort travaillé sur 7 ou 8 manuscrits et imprimez de Vitruve au Vatican ; s'il me vouloit croire il le donneroit au public, s'il est prest (2) : mais il le faut laisser establir à la cour auparavant que de luy demander rien : il se plaint des grandes remises et longueurs : j'ay donné l'adresse à M. Gaillard pour le trouver en son logis et pour retirer vostre manuscrit, qu'il a peut-estre à Liege. Je ne l'ay veu que 2 ou 3 fois assez légèrement.

Nono. J'examineray la pierre ployante de Mr Hallé (3), la 1re fois que je l'iray voir, et vous en manderay ce que j'en trouveray. Je viens maintenant aux choses nouvelles, asçavoir

(1) Les traités de ces divers musicographes ne tardèrent pas à paraître dans le recueil de Meibomius (*Auctores Septem antiquæ musicæ*, Amsterdam, 1652, in-4°).

(2) M. Le Paige, l'auteur déjà cité des savantes *Notes sur l'histoire des mathématiques dans l'ancien pays de Liège,* n'a pas eu connaissance des travaux de l'ingénieur Jean Gallé sur Vitruve.

(3) Peiresc raconte, dans une lettre du 24 février 1627 à Pierre Dupuy (II, p. 150), qu'ayant prêté un exemplaire en grand papier d'un ouvrage in-f° de J.-J. Luckii sur les médailles modernes (*Sylloge numismatum elegantiorum*, Strasbourg, 1620) au libraire Tavernier, ce dernier eut l'imprudence de le montrer « à Mr Hallé, maistre des Comptes, lequel ne le luy voulut jamais rendre ». Voir sur ce trop fervent bibliophile une note du XVIe fascicule des *Correspondants de Peiresc* sous un passage où François Lhuillier vante à la fois la bibliothèque de Jean Hallé comme étant la plus grande et la plus belle de Paris et Hallé lui-même « homme de très exacte et scrupuleuse probité ». Singulier éloge appliqué à un voleur de livres ! Mais combien hélas ! y a-t-il de collectionneurs aveuglés qui, en s'appropriant un volume ou un autographe, se donnent une complaisante absolution et disent comme le philosophe Victor Cousin : *C'est le droit de ma passion !* La lettre de Mersenne nous apprend que Jean Hallé possédait aussi un cabinet de curiosités, cabinet qui a été oublié par M. Edmond Bonnaffé en son *Dictionnaire des amateurs français du XVIIe siècle* (1889). On conserve dans un des registres de l'Inguimbertine (n° LIII) trois lettres de Peiresc, de janvier, avril et juin 1636, adressées à Hallé et qui concernent sa pierre flexible et les autres curiosités de son cabinet.

que Mr Morin a publié sa science des longitudes dont vous avez peut estre desja le livre, car il en [a] envoyé à Mr Gassendi. On poursuit icy une Academie, ou Compagnie de Musiciens avec beaucoup d'artistes dressez pour ce sujet pour la Sainte-Cecille, mais jusqu'à ce que cela reussisse je ne vous en manderay rien. Vous verrez peut estre bientost un petit Traité de Perspective plus succulent que tout ce que vous en avez jamais vû, quoy que plus court. L'impos que l'on a mis sur le papier est si grand qu'une grande partie des presses ont cessé à ce que l'on m'a dit jusques à ce qu'on y ayt mis ordre ; mais je croy qu'il en faudra passer par là tost ou tard.

Voyla, Monsieur, ce que j'ay pour le present à vous escrire n'ayant voullu differer plus longtemps que la mesme heure à laquelle Mr Gaillard m'a rendüe la vostre affin que je ne perdisse pas l'occasion qu'il a entre les mains pour vous escrire. Il m'a asseuré de vous avoir envoyé les Livrets. Je m'en vais mettre deux presses sur mon liure si le papier ramende qui est, m'a-on dit, tout saisy. Je vous prie que M. Gassendi dont je m'entretiens si souvent avec les honnestes hommes, *cujus nempe memoria in benedictione est*, trouve icy mes humbles recommandations ; je prie Dieu,

Monsieur, de vous tenir en très bonne santé et suis tousjours

Vostre trez affectionné et humble serviteur,

F. M. Mersenne M[c].

De Paris.
Ce 24 aoust 1634 (1).

(1) Bibl. nat. f. fr. 9543, f° 10. Autographe.

IX

(Même adresse)

Monsieur,

Craignant que mon trop long silence ne vous deplaise je ne veux pas demeurer plus longtemps sans vous escrire, tant affin de vous faire sçavoir que je suis desja bien avancé de l'impression de mon livre que pour vous resjouir par la consideration d'une certaine invention de nombres que l'on m'a communiquée d'un vieil manuscrit qui discourt à la Platonicienne ; où il met pour fondement l'opinion de Platon et la sienne asçavoir que les noms ne sont pas imposez fortuitement, mais suivant les loix de la providence divine. Et puis il prend la valeur des lettres du nom suivant la valeur numerique des Hebraïques qu'il appelle nombre litteral ; 2º, il les assemble et estant adjoutez il appelle le produit nombre confus, dont il tire le nombre formel par la division du cube de 3 et le nombre materiel par la division du 1er cube 8. Il compose le nombre essentiel de ces deux ajoutez ensemble : lequel divisé par 12 donne le nombre sympatique. Et puis il dispose des nombres sur un triangle comme Platon dans le Timée en mettant le nombre essentiel au haut du triangle, et met les nombres masculins en sesquialse et sesquitième proportion à costé droit, et les feminins à gauche d'où il tire après le nombre nuptial, climatérique et épiclimatérique, et le fatidique de sorte qu'il met tous ces nombres litteral, confus, formel, materiel, essentiel, sympatique, fatidique, nuptial, climatérique, épiclimatérique. Et tient que l'arithmetique vint saluer Dieu au commencement du monde avec les 11 premiers nombres pour adorer les 12 feminins procedants de la revolution du Sacré nom de Dieu influant dans les 12 signes du zodiaque toutes les vertus : et que les 12 dieux de l'antiquité ne sont que les 12 nombres qui viennent adorer l'Unité comme le grand Jupiter. Je sçay que vostre solide jugement se moquera de tout cela, mais je n'ai pas voulu laisser perdre la memoire de cette invention sans vous en faire part. Si vous pouvez sçavoir de Mr Gassendi ou d'ailleurs si Platon dit ce que Galilée luy fait dire dans ses dialogues du mouvement de la terre. C'est dans son premier dialogue assez près du commencement où il dit que, selon Platon, Dieu laissa tomber droit les planettes et qu'estant tombées jusqu'à ce qu'elles allassent de la vitesse qu'il avoit ordonnée il changea leur mouvement droit en circulaire qu'elles ont maintenant (1).

Je vous prie donc de me mander le lieu où Platon dit cela, car je n'en trouve rien dans le Timée (2) ; et si vous ne le pouvez sçavoir de Mr Gassendi ou d'ailleurs pour me le faire sçavoir promptement, si vous escriviez à Galilée il vous obligeroit de vous le dire, et de vous envoyer un petit filet de la longueur de la brasse dont il parle tant en ses livres, ce qu'il fera d'autant plus viste s'il sçait que je travaille à respondre pour luy à tous ses envieux dont j'ay veu les livres, en destruisant leurs raisons, et en affermissant les siennes lorsque je les trouve veritables apres les auoir examinées *ad lapidem Lydium* (3) : mais je ne peux achever que je n'aye vù ce qu'escrira Scheiner (4) contre luy, supposé qu'il escrive, comme l'on nous disoit il y a un an.

(1) On peut voir le texte dans le tome I des œuvres complètes de Galilée (édition de Florence, 1842, p. 26). Conférez le t. XIII de la même édition (1855, p. 237). Je dois ces indications à mon cher et savant confrère M. Antonio Favaro, l'éminent professeur de l'Université de Padoue, le nouvel et définitif éditeur des œuvres de l'illustre mathématicien.

(2) Mersenne ne pouvait trouver dans le *Timée* la citation faite par Galilée, car ce dernier avait reproduit beaucoup trop librement la phrase du philosophe, et sa fantaisiste interprétation fait penser au fameux proverbe de son pays : *Traduttore, traditore.*

(3) Pierre de Lydie, pierre de touche. Voir Pline, *Hist. nat.* livre XXXIII, ch. 43.

(4) Le jésuite Christophe Scheiner a été déjà mentionné dans la notice du P. Hilarion de Coste.

Or il ne faut pas que vous ayez peur que ce que je diray soit jamais censuré d'autant qu'il sera perpetuellement appuyé sur l'experience, dont vous en verrez la meilleure partie dans le volume que je vous eusse envoyé beaucoup plus tost que je ne feray parce qu'il me faut souvent attendre aprez le s^r Ballard imprimeur de Musique qui seul a des caractères en France sans qu'il y ait moyen d'en faire faire à cause de son privilège. J'en aurois desjà fait fondre par quelqu'un qui de hazard avoit achepté des matrices, mais il me vint remonstrer cela avec ses privilèges et me promit de m'en fournir des siens, ce qu'il fait, mais, parcequ'il ne veut pas que les autres imprimeurs sçachent composer et accommoder ses caractères, il les manie et accommode luy mesme, ce qui me recule souvent de 15 jours, voire des mois entiers pour attendre sa commodité. Et parce qu'il n'a pas voulu entreprendre mon livre, quoy que je lui offrisse ce qu'il vous a pleu me donner pour ce sujet, et que je voulusse faire outre cela les frais de toutes les figures tant en taille douce qu'en bois, voyant d'autre costé que nul autre libraire n'y a voulu entendre et qu'ils ne demandoient pas moins de deux cents escus et d'abondant, que s'ils l'entreprenoient ils ne pourroient nullement jouir des caractères et de la faveur de Balard, vostre charité m'a donné le courage de l'entreprendre moy mesme, de sorte que je ne depends point d'eux par la grace de Dieu, ni de leur petite tyrannie, dont plusieurs honnestes gens sont fort ayses.

J'espère que devant qu'il soit Pasques, que je vous tesmoigneray mes devoirs et mes hommages par une bonne partie de l'œuvre, et que vous en recevrez du contentement moyennant la grace de Dieu, aussi bien que tous les honnestes hommes qui le liront. Vous recevrez aussi des lettres d'un de nos religieux tant pour vous que pour le Père Theophile. Nous attendons à voir icy Campanella, s'il se rend visible et accostable. Je n'escris point à Mr Gassendi mais j'espère que vous suppleerez par les recommandations

que je vous prie de luy faire de ma part. Il aura maintenant
receu une lettre de Barency que Hortensius (1) me feist
dernièrement tenir laquelle j'ay envoyée à M^r L'huillier et
vous avez receu celle de Hortensius qui m'ayant escrit de
luy mander si vous vous plaisiez aux mathematiques parce
qu'il vous vouloit dedier un livre d'astronomie qui est, je
croy, sa reponce à Bartolin, je luy asseuré qu'il n'y avoit
nulle partie des mathematiques, qui ne vous pleust grandement.

Voyla, Monsieur, ce que j'avois à vous escrire pour cette
fois, j'ay souvent pensé au nombre ternaire dont vous
m'aviez parlé, mais je n'ay peu rien m'imaginer sur cela qui
ne soit vulgaire, ou dans les livres, et plus je pense aux
nombres, et moins j'y trouve de fonds : quoy que je ne
desespère pas que nous n'en devions voir quelques excellentes
choses, et puisque vous me le tesmoignez par les vostres
dernières qui furent un peu après que M^r vostre cousin fut
icy arrivé.

Si vous sçavez quelqu'un qui ayt escrit contre Galilée,
outre Berigard, Ingolfer et Roca (2) je vous prie de me
l'indiquer car puisque j'ay entrepris de defendre la verité
qui me sera connüe il est necessaire que je les voye tous.
J'attends encore Claramontius de Florence (3) lequel je n'ay
point encore contre luy : j'estime que ce sera le plus habile,
car il a desjà escrit contre Tycho et Kepler et je seray bien
ayse de recevoir vos conseils et vos aides tant sur cela que
sur les autres choses qui concernent mon labeur. Je vous

(1) Sur Martin Hortensius voir une note dans le fascicule XVI des *Correspondants de Peiresc*, p. 22.

(2) Pour ces trois personnages je renverrai aux principaux ouvrages où
a été traitée, de notre temps, la *Question de Galilée*. Je renverrai surtout
aux excellentes notes et notices dont M. A. Favaro enrichit la belle édition
à laquelle le gouvernement italien l'a chargé de donner ses soins.

(3) C'était Scipion Chiaramonti, né à Cesène en 1565, sur lequel on peut
voir les *Lettres de Gabriel Naudé* (fascicule XIII des *Correspondants de
Peiresc*, p. 31).

avois offert de vous envoyer la pierre qui nage ou partie d'icelle, mais vous n'avez point insisté ni consenti. Quoy qu'il en soit je n'ay rien qui ne soit à vous, puisque j'y suis moy mesme autant qu'il m'est possible, c'est pourquoy il n'est plus besoin que je me souscrive

Vostre trez humble serviteur

F. M. Mersenne, M^e.

Ce jour de s^{te} Barbe 4 dec[embre] 1634.

De nouveau il y a le livre de Claves chymiste : *De la generation des pierres et des fossiles* où il promet 30 ou 40 autres volumes de divers traitez (1) ; il est in-8, imprimé chez Chevalier ; il y a aussi une pièce de Mr du Chastelet conseiller d'Estat (2) qui s'achève chez Cramoisy touchant toutes les responces aux livres qu'on a fait d'un costé et d'autre du pays bas où il met une grande Preface dont on fait bien de l'estat (3). Le P. Renaud faict aussi imprimer trois volumes des *Relations et ambassades du Fresne Canaie* qui s'impriment à 2 ou 3 presses (4). S'il arrive quelqu'autre chose à ma connoissance vous le sçaurez bientost quoy que vous

---

(1) L'illisibilité de l'écriture du P. Mersenne rendant fort douteuse la forme ici donnée au nom de ce fécond chimiste, je ne puis rien dire du mystérieux personnage.

(2) Paul Hay du Chastelet, de l'Académie française. Voir sur ce publiciste et sur ses œuvres la notice de M. R. Kerviler dans la *Bretagne à l'Académie française au XVIIe siècle* (2e édition, Paris, 1879, p. 54-58). Voir aussi (*passim*) les trois volumes des *Lettres de Peiresc aux frères Dupuy*. Voir notamment dans le t. III. p. 51, ce qu'écrit Peiresc, le 14 mars 1634, du *Recueil de diverses pièces pour servir à l'histoire*. Plus heureux que Mersenne, Peiresc avait déjà eu entre ses mains, au printemps, l'in-f^o dont Mersenne ne parlait encore que par ouï dire à la fin de l'année.

(3) Cette *Prèface* a été publiée à part et est un des meilleurs morceaux dus à l'habile plume si fort employée par le cardinal de Richelieu.

(4) Malgré ces *2 ou 3 presses* les *Lettres et ambassades* de Philippe Canaye, sieur de Fresne, ne parurent qu'en 1645 (3 vol. in-f^o).

aurez desjà peut estre sceu tout cela par tant d'amis que vous avez icy.

Campanella arriva vendredy en nostre habit (1) ; il le quitte aujourd'huy pour reprendre celuy des Jacobins (2).

(1) Thomas Campanella était arrivé à Aix et était devenu l'hôte de Peiresc dès le commencement de novembre 1634. Voir t. III des *Lettres aux frères Dupuy*, p. 198.

(2) Bibl. nat., f. fr. 9543, f° 12. Autographe. Je ne crois pas devoir reproduire en entier la lettre suivante (f° 14), du 15 janvier 1635, qui est hérissée de chiffres et qui serait peu intelligible et surtout peu intéressante pour tous ceux de mes lecteurs qui, profanes comme moi, ne sont pas initiés aux secrets des hautes mathématiques. Je n'en tirerai que quelques passages : « Monsieur, après vous avoir salué et desiré bonne année trez heureuse à vostre santé qui doit estre trez chere à toutes sortes de personnes qui ayment les Muses, puisque vous l'employez à les ayder en tout ce que vous pouvez : je veux vous tesmoigner par la presente le soin que j'ay de vous faire passer le temps en des considerations qui ne seroit pas à mon avis indignes de vostre esprit et que vous pourrez communiquer à M. Galilée, si vous le jugez à propos, afin qu'il n'ayt pas la peine de faire le calcul de ces experiences lequel je vous envoye très fidelle et très exact. [Calcul de la vitesse du boulet]. Il ne tombera que 4 brasses dans une seconde, quoyque je sois asseuré qu'il tombe de plus haut, mais le respect que j'ay pour ce grand homme m'a fait determiner en vostre faveur de supputer tous les plus grands intervalles du monde suivant son experience, affin que je recompense en quelque façon la peine que vous avez pris de m'envoyer la grandeur de la brasse de Florence que j'avois tousjours supposée moindre d'un pouce et demi suivant la relation de nos marchands et du nepveu ou cousin du s^r Galilée qui demeure à Lyon...

« Je n'ay point encore veu le P. Campanella parce qu'il est allé loger chez les Jacobins du faubourg St-Honoré où il y a une grande lieue et fort mauvais chemin... Je verray ce que le temps et les occasions me permettront en cecy... Si vous voyez M. Gassend, je le salue en me rejouissant de la bonne nouvelle que vous m'avez donnée de la bonne issüe de son procez. J'escriray bientost à Hortensius selon vostre desir... J'ajoute que le champ où la pierre nageante a esté prise est 2 lieues prez de Poitiers quasi joignant l'abbaye de Noaillé des Benedictins et qu'il n'y en a nulle part qu'en ce ce seul champ qui est infertile, dans un penchant au bas duquel il y a une rivière... J'ay voulu voir moy mesme le libraire qui fait imprimer le Tertulien... et m'a confessé que ce livre n'est que pour ceux qui n'ont ni le Pamelius ni le Rigaut de sorte qu'on m'avoit trompé de dire que ce fut M. le Garde de seaux qui le faisoit imprimer. Chez Morel on a imprimé *Leges Atticæ* in-folio de Samuel Petiteus en grec et en latin. Ce livre de M. du Chastelet conseiller d'Estat se vend chez Cramoisy. Nostre medecin Cornuli (?) a fait un livre qui se vend avec tailles douces *de Plantis*

X

(*Même adresse.*)

Monsieur,

Vous me contraignez par vostre grand soin, et par vostre bonté qui vous fait faire du bien à tous, et à tout propos, de commencer la presente en vous remerciant des figures que vous m'avez envoyées de vostre coupe, lesquelles je ne vous renvoye pas à ce voyage, parce que je les veux faire voir à MM^rs du Puys et à quelques curieux de cette ville vos amis, comme Mr Bignon advocat general, chez lequel m'estant dernièrement trouvé il vous donna les louanges que vous meritez (1) en bonne compagnie; à Mr Bourdelot (2) et à quelques autres. Si je fais graver les rebords des 12 figures, ce sera en taille douce quoy que mon graveur, qui est anabaptiste à mon grand regret, m'ayt dit qu'il ne puisse sans huiller vostre papier, ce que je n'ay pas voulu luy permettre et ce qui m'a fait resoudre à ne mettre qu'en discours ce qui est des figures, dont les instrumens sont assez mal faits, dont il ne faut non plus s'estonner que de voir les ornemens que les orfèvres mettent à leurs vases, se contentant de representer les fleurs, fruits etc. grossièrement. Il me semble que vous m'aviez escrit que cette tasse estoit de la Chine, comment est-ce donc que les lettres et l'idiosme sont arabesques, attendu que les Chinois ont d'autres charactères si differents ?

Il s'est passé une étrange sedition pres de nostre couvent, de 3 à 4 mille tant laquais, garçons de boutiques, etc. contre

canadinis et iis omnibus quæ crescunt in solo Parisiensi... Voylà tout ce que je sçais ».

(1) Jérôme Bignon était alors premier avocat-général au parlement de Paris. Ce très érudit magistrat fut un des grands amis de Peiresc.

(2) S'agit-il de Pierre Bourdelot, le docteur en médecine, qui n'avait alors que 25 ans (Voir sur lui mon *François Luillier*, p. 15), ou de son oncle, Jean Bourdelot, qui allait mourir trois ans plus tard ?

nos arballestriers, et tireurs d'arquebuse où il y a eu quelque 20 hommes de tuez, et toute leur maison ruinée de portes, fenestres, etc. et toutes leurs armes emportées ; et 2 jours aprez une autre sedition des laquais contre les habitants aux Halles, mais parce que je m'imagine que messieurs du Puys et plusieurs autres vous escrivent soigneusement tout ce qui se passe icy de notable je ne vous en mande rien pour l'ordinaire. J'ay icy l'honneste homme Liegois (1) qui veut passer par chez vous pour estudier avec Mr Holstein (2). Le R. P. Campanella me vint hyer voir et ce mesme jour Cramoisy m'a envoyé sa *Medecine imprimée* à Lion que je vais vistement parcourir ; il est hors de doute que cet excellent homme a un grand entendement et une heureuse imagination ; et si nous avions encore (3) le s^r Gallilée, j'aurois perdu l'envie d'aller en Italie dont nous aurions les deux plus grands hommes à mon advis. J'ay esté soigneux de faire venir d'Italie tous ceux qui ont escrit contre luy affin de le destourner de choses qu'il a bien anoncées, mais j'ay trouvé qu'ils ne sont quasi pas dignes qu'on les nomme à l'égard de ce grand homme et ne me croyant pas moy mesme je les ay fait lire à mes amis qui ont trouvé la mesme chose de sorte que je me contente d'agir noblement avec luy en parlant de ses experiences et des miennes, comme vous verrez Dieu aydant.

Je prie Dieu, Monsieur, qu'il vous conserve en bonne santé et demeure tousjours

Vostre trez humble serviteur

F. M. Mersenne, M^e.

Ce 25 may 1635.

Si Mr Gaillard est arrivé, et que Mr Gassendi ne soit pas

---

(1) Cet *honneste homme liégois* était le savant Henri Dormalius si souvent mentionné dans la correspondance de Peiresc.

(2) Luc Holstenius, le bibliothécaire du Vatican, qui tient plus de place encore que Dormalius dans les lettres de Peiresc.

(3) C'est-à-dire : Si nous avions *aussi* avec nous...

encore parti, je leur baise humblement les mains. Je renvoye
aujourd'huy vostre manuscrit Arabe à M‌ʳ du Puys aprez l'auoir
retiré des mains de M. Gauvin [sans doute Gaulmin], si la version s'en peut faire par quelque arabe musicien, en termes
qui nous soient intelligibles, il sera tousjours temps d'en
parler, il a trouvé quelques mots persans qu'il n'entend pas.
Je m'en vais prier M‌ʳ Aubry pour rescrire au Reverend père
Cassien d'Orléans (1) s'il est revenu des bains, affin d'avoir
quelques-unes de ses remarques pour l'harmonie au cas
qu'il en eust fait quelques-unes au Levant. Si nous avions
quelques françois musiciens en Perse, il leur seroit aysé de
nous envoyer quelque gros crayon de leur Instrument ou de
lapporter avec eux, mais ce royaume là est trop eloigné
de nous pour y avoir de la communication (2).

XI

(*Même adresse.*)

Monsieur,

Autant que je reçois de vos lettres, autant puis-je dire que
ce sont de celestes influences qui me consolent dans mon
petit labeur, car au lieu de m'epouvanter de la peine que
j'ay aprez les imprimeurs, vous vous estonnez que je n'en
ay point encore davantage. M‌ʳ Gaillard vous pourra tesmoigner que je ne dors pas tousjours par l'eschantillon qu'il a
vû et qu'il espère ne vous devoir pas estre desagreable. Il
vous porte ce que vous desirez; et M‌ʳ Gauvin a le manuscrit

(1) Voir une intéressante brochure, qui fait partie de la *Bibliothèque
Franciscaine,* et qui est intitulée : *Deux martyrs français du XVIIe
siècle. Les Pères Agathange, de Vendôme et Cassien, de Nantes* (Paris,
1887). Je suis heureux d'annoncer qu'un excellent travailleur, le R. P.
Apollinaire, a publié la correspondance de Peiresc avec divers capucins
qui furent missionnaires en Orient et parmi lesquels on remarque les deux
martyrs qui viennent d'être nommés. J'appelle sur le volume du R. P.
Apollinaire la sympathique attention de tous ceux qui daignent m'honorer
de leur confiance.

(2) Bibl. nat. f. fr. 9543.

Arabe entre les mains, mais de l'expliquer, peu d'apparence parce qu'il est escrit en vers d'une science qu'il n'entend pas. Il m'a promis deux aprez disnées pour m'expliquer ce qu'il poura ; si tost que je l'auray osté de ses mains je le bailleray à Mr du Puys pour en faire selon vostre volonté, car je commence à perdre espérance que nous en puissions tirer aucun contentement. Et Mr Hardy ne veut faire voir sa version à personne parcequ'elle est inintelligible : et m'a assuré que le père Capucin (1) n'est pas capable d'en rien faire, ne sçachant pas si bien l'Arabe que luy. Au reste je vis le R. P. Campanella 3 heures durant ou environ pour la 2e fois ; où j'ay appris qu'il ne nous apprendra rien dans les sciences. L'on m'avoit dit qu'il sçavoit merveille dans la musique dont il m'a mesme dit qu'il avoit escrit, mais l'interrogeant je n'ay pas trouvé qu'il sceust seulement que c'est que l'octave (2) ; au reste il a une heureuse memoire, et une féconde imagination. Il a visité nostre general à Chaliot qui n'a esté que 2 jours icy parce qu'il estoit hasté pour le chapitre qui se tient à Marseille. L'on m'a asseuré que nous aurons icy Mr Gassendi au commencement de juin dont je me resjouis (3). Il verra la plus noble academie du monde qui se fait depuis peu en ceste ville dont il sera sans doute, car elle est toute mathematique (4). Nous sommes après à treuver remède pour chasser 7 esprits qui possèdent ou gardent un thresor de plus d'un milion, mais quand on a fouy tellement qu'on en approche ils blessent tous les ouvriers d'une gresle de pierres (5). Celuy qui est le maitre de la maison qui est

(1) Le P. Cassien dont il a été question dans la lettre précédente.

(2) Campanella aurait-il donc été de ceux qui s'avisent de parler de ce qu'ils ne savent pas ?

(3) C'était une fausse nouvelle. Gassendi, qui était en Provence (tantôt à Aix et tantôt à Digne) depuis la fin de 1632, ne devait revenir à Paris qu'au mois d'août 1641. Voir *Documents inédits sur Gassendi*, p. 15-17.

(4) C'était une petite *Académie des sciences* dont le P. Mersenne était le président. J'ai déjà indiqué ce qu'a dit de cette sœur ainée de la grande académie fondée par Colbert en 1666, M. Charles Adam dans son mémoire sur *l'éducation de Pascal*.

(5) Cette historiette et quelques autres non moins ridicules prouvent

gentilhomme cherche des grimoirs pour les chasser suivant le conseil de ceux qui luy en ont donné toutes les marques, mais, je ne m'entends point en ces livres, et ne sçay point d'autre remède que d'y aller au nom de Dieu pour les chasser.

Une damoiselle de Bourgogne est ensorcelée, et les sorciers estants pris, un medecin par mon conseil a enfoncé un trancheplume jusques au manche dans la marque, sans que le sorcier ayt senti (1). Vous voyez que je vous fais part du peu que je sçay affin de vous tesmoigner que je suis tousjours de plus en plus vostre trez affectionné serviteur.

F. M. Mersenne, Minime.

Ce 23 may 1635 (2).

combien Adrien Baillet, Gabriel Naudé et de plus récents critiques ont eu raison de se moquer de l'enfantine crédulité de Mersenne. Les mathématiques ne donnent pas toujours la rectitude et la fermeté à l'intelligence. N'avons-nous pas vu de nos jours un homme que l'on avait surnommé le *roi de la géométrie* pousser, en matière d'impossibles autographes, sa naïve crédulité jusqu'aux dernières limites de l'absurde et montrer la plus attristante faiblesse d'esprit à côté d'un génie supérieur ?

(1) C'est ici le cas de citer ce passage d'un remarquable travail sur *les altérations de la personnalité* par Alfred Binet dans la *Revue des Deux-Mondes* du 15 février 1891 (p. 841) : « Un grand nombre de ces malades [atteints d'hystérie], considérés à l'état de veille et en dehors de leurs crises convulsives, présentent un stigmate, connu depuis fort longtemps, mais dont on n'a compris la valeur réelle que dans ces dernières années ; ce stigmate, qu'on appelait autrefois la *marque* des possédés ou la *griffe* du diable, — c'est l'insensibilité. Le siège et l'étendue de l'insensibilité hystérique sont très variables ; elle peut occuper le corps tout entier, ou la moitié du corps, ou un seul membre ; parfois elle se limite à une région très peu étendue ; c'est, par exemple, un centimètre carré du tégument qu'on peut piquer, pincer, brûler, exciter de la façon la plus énergique sans provoquer la moindre sensation de douleurs. » Le plus récent et, dit-on, le plus sérieux des ouvrages consacrés aux choses de la sorcellerie est celui de M. G. Baissac : *Les grands jours de la sorcellerie* (Paris, in-8 de 734 p.). Voir l'éloge qu'en fait M. A. Molinier dans la *Revue historique* de mars-avril 1891, p. 350-351.

(2) Bibl. nat. f. fr. 9543, f° 17.

XII

(Même adresse.)

Monsieur,

Aprez vous avoir donné le bon jour et vous avoir remercié trez humblement des empreintes que vous m'avez envoyé, je vous diray premièrement que, sans vouloir contester avec vous d'aucune chose sur ce que vous me mandez, si j'ay failli, ça esté pour parler trop franchement : quoy que je fusse fort éloigné de croire que vous en deussiez offencer. Je vous prie donc une fois pour toutes que ce que vous trouverez de trop libre en mes lettres pour le jugement que je fais de quelques uns, que cela ne passe point vos yeux et vostre connoissance, car en ce cas je recevray trez humblement toutes bonnes remontrances et accourciray ma liberté. Or si vous me jugez digne d'avoir quelque audience en vostre endroit, je vous asseure que ce que je vous ay dit du R. P. capucin n'est autre chose que ce que Mr Hardy m'en a apris (1), car jamais je ne l'ay veu et veux croire qu'il a la capacité dont vous parlez ; mesme monsieur Aubry m'a promis qu'aprez son retour des baings il luy escrira afin d'avoir quelques memoires de la Musique du Levant, dont il luy a promis quelques Memoires de ce qu'il a remarqué sur les lieux en ma faveur. Quant à l'autre R. P. qui m'a mis sur l'astrologie judiciaire et auquel j'ay maintenu qu'elle n'avoit rien de certain, assurez-vous que je l'estime autant que qui que ce soit (2), mais quand on me dist qu'il avoit

(1) Nous avons vu plus haut que Mersenne avait mis en doute la compétence du capucin Cassien considéré comme arabisant.

(2) Il s'agit là de Campanella. Peiresc, aprés avoir pris un peu trop promptement peut-être la défense du moine calabrais contre Mersenne, fut obligé de prendre la défense de Gassendi contre Campanella.

asseuré que tous les esprits de France n'estoient rien, de tous ceux du moins qu'il avait veus, (de cela je vous cite Mr Bourdelot, homme d'honneur, pour mon auteur), je m'estonne qu'en discourant 2 ou 3 heures avec luy de choses differentes, je ne trouvé pas qu'il eust eu fondement de dire cela, puisque estant le moindre de toute la France (1) je ne trouvois pas qu'il eust un si grand ascendant sur tous nos esprits. Si vous trouvez que j'ay beaucoup péché en cela, j'en passeray par où il vous plaira. Au reste je n'ay point de sang aux veines que je n'epandisse pour luy s'il en estoit besoin (2). Je viens maintenant au Livre Arabe, lequel je vous ay desja escrit que j'avois mis entre les mains de Mr Gaulmin mais je le retireray le plus tost que je pourray pour le mettre entre les mains de M. du Puys afin qu'il en face selon vostre ordre. Je ne vous parle point de la dedicace ; vous pouvez seulement vous asseurer que j'y procéderay Dieu aydant en homme d'honneur et que vous n'en recevrez que du contentement.

Pour le fontainier il est maintenant tousjours à Liencourt (3) assez éloigné de Paris et son papier estoit fort mal ortho-

---

(1) L'humilité de Mersenne ne fait-elle pas un touchant contraste avec l'outrecuidance de Campanella ?

(2) Ne trouve-t-on pas que cette phrase d'une vigueur si éloquente fait également honneur à l'écrivain et à l'homme de cœur ?

(3) Aujourd'hui chef-lieu de canton de l'Oise, arrondissement de Clermont, à 34 kilomètres de Beauvais. Les jardins de Liancourt étaient célèbres au XVIIe siècle. Voir sur leur beauté les *Notes sur la vie et les ouvrages de l'abbé Jean-Jacques Boileau* (Agen, 1877, p. 24). Le biographe de Madame de Liancourt rappelle que ce fut la duchesse qui créa ces jardins si magnifiques, qui y éleva « des eaux avec un artifice admirable », qui, ayant « l'esprit inventif, fit son plan de telle sorte, qu'il n'y avoit rien alors dans le royaume qui pût approcher de ce qu'elle avoit imaginé, etc.» Conférez Tallemant des Réaux, *Historiettes* CCXXIII-CCXXIV (t. IV. p. 303) et Sainte-Beuve, *Port-Royal*, t. I, 1867, p. 43, où sont cités des vers du P. Rapin, « le Delille du temps » en l'honneur des jardins — pourtant jansénistes — de Liancourt. Rappelons qu'un meilleur poète, qui n'est rien moins que La Fontaine, a chanté aussi les *naïades* de Liancourt, c'est-à-dire, pour parler en prose, les jets d'eau qu'allait étudier le P. Mersenne.

graphié, mais je creus, qu'estant de sa main que vous ne vous estonneriez pas, ceste sorte de gens n'ayant point d'estude pour l'ordinaire. Le plus grand deplaisir que j'aye est que de nostre fonteinier de Paris il n'y a pas moyen d'en tirer aucune chose ; il se nomme Mr Gelin, lequel m'ayant dit qu'il y avoit fort peu de mots propres, il me dist une autrefois qu'il y en avoit assez pour faire un calepin, et de tout cela il luy semble qu'on luy veuille envoyer sa pratique quand on luy en parle, ce qui empesche entierement que je puisse satisfaire à l'affection que j'ay de vous contenter en cela. Regardant les empreintes que vous m'avez envoyées je n'ay peu reconnoistre autre chose dans la troupe des hommes sinon que quelques uns jouent de la flute, peut estre tandis que les autres dancent, comme font nos villageois ; ce qui est commun à toutes les autres nations. Quant aux lettres je ne les entends pas ; j'eusse esté bien ayse que vous me les eussiez dechiffrées si vous les sçavez. Mais Dieu me garde de vous donner la peine de m'envoyer, l'effigie est trop bien faite, pour en desirer davantage. Je di la mesme chose de vostre coupe sur laquelle il y avoit quelques instrumens fort differens des nostres et qu'il y eust quelque chose de remarquable dans l'inscription, ce que vous pouvez aysement voir puisque vous l'avez fait dechiffrer, je ne serois pas marry d'en avoir un petit crayon si vostre loisir vous permettoit d'y penser. Mais il faut que je vous avoue franchement que je suis honteux de tant de peine que je vous donne et vous demande une grace avant que d'achever la presente, à sçavoir que vous me pardonniez entièrement si j'ay quelques fois usé de trop de licence ou de trop peu de respect en vous escrivant, ce qui n'a jamais parti d'aucun sinistre mouvement mais peut estre d'une trop grande franchise.

Or, je ne veux pas finir sans vous dire que le médecin, dont il me semble vous avoir parlé, a sondé la marque d'un sorcier emprisonné pour des sortilèges, dans laquelle il a enfoncé son tranche plume jusques au manche en presence de cinq gentilshommes bien estonnés de cela sans qu'il en ayt rien senti. Il a confessé qu'une damoiselle pour laquelle il estoit en prison estoit ensorcelée de 3 sorts qui estoient à la mort et qu'elle n'en pouvoit estre guarie ; on a trouvé trois sorts dans son lit et on exorcise maintenant le mal de la damoiselle prez de Sens en Bourgogne. La dite marque de sorcier est large comme un sol ou douzain, de couleur roussatre et de peau mortifiée. Et le médecin s'estonne que ce sorcier avec une sorcière (1) luy racontent tout ce qui est dans Delrio (2) pour les sabbats et beaucoup plus quoy qu'ils soient ignorans. Voyla, Monsieur, ce que j'avoys à vous escrire pour responce à la vostre. M. de Digne (3) m'asseure que M. Gassendi vient icy (4). Dieu le veuille bien amener et vous tienne dans une si bonne et si longue santé que tous ceux qui reçoivent tant de lumières de vous ayent grand sujet de l'en remercier. Je suis, monsieur,

Vostre très humble et affectionné serviteur,

F. M. Mersenne.

Ce jour de l'Ascension 1635.

(1) Des sorciers et du médecin ne devrait-on pas dire, comme des *plaideurs* et du juge de Racine, qu'*il faudrait tout lier ?*

(2) Le P. Martin-Antoine Delrio, né à Anvers en 1551, mort à Louvain en 1608, est un des plus célèbres démonographes qui aient existé. Voir dans la *Bibliothèque des écrivains de la Compagnie de Jésus* (t. I. p. 1549-1550) la liste des diverses éditions des *Disquisitionum magicarum libri IV*. La première est de Mayence, 1593, in-f°. L'ouvrage a été traduit en français par le père de l'histoire de France, André Du Chesne (Paris, 1611, in-8°). Aux auteurs cités sur Delrio par les PP. de Backer et Sommervogel il faut ajouter Collin de Plancy qui a donné à Delrio une place d'honneur dans son *Dictionnaire infernal*.

(3) C'était Raphaël de Bologne ; il avait succédé, en 1628, à son parent Louis de Bologne.

(4) Le prélat avait tort, nous l'avons vu, d'annoncer avec tant d'assurance la prochaine arrivée de Gassendi à Paris, où le philosophe ne devait venir que six ans plus tard.

J'avois oublié de vous dire que j'ay fait ce que j'ay peu
pour avoir la version de M. Hardy et qu'il ne m'a pas esté
possible, m'ayant tousjours respondu qu'il n'y a personne qui
s'en puisse servir et que luy mesme n'y entend rien après
l'avoir reveue, et secondement qu'il tient qu'on ne peut faire
imprimer le livre si l'on n'use des mesmes couleurs qui y
sont, d'autant que l'intelligence en dépend particulièrement.
Peut-estre qu'il se rencontrera encore quelque Persan ou
Arabe sçavant vers vos quartiers qui pourra l'expliquer : et en
ce cas il me sera aysé de fere ajouter quelques feuilles au
livre encore qu'il seroyt achevé (1).

XIII

(Même adresse.)

Monsieur,

J'ay un peu allongé l'epistre dedicatoire que je mets au
frontispice de mon œuvre et l'ay mise à peu prez en l'estat
qu'elle demeurera si ce n'est que vous y veuilliez corriger
quelque chose soit en ajoutant ou en diminuant, ce qui me
sera trez agreable comme tout ce qui vient de vostre main.
Je suis particulièrement en peine du tiltre, car l'on m'a dit
que vous estes Baron d'une certaine seigneurie (2), et je ne
le sçays point ; il seroit, ce me semble, à propos de le
mettre. Neantmoins le tout se fera selon vostre disposition,
vous me la renvoyerez, s'il vous plaist, corrigée de vostre
main ou bien vous me ferez sçavoir ce qu'il y faudra acco-

<hr>

(1) Bibl. nat. f. fr. 9543, f° 18. Autographe.

(2) La seigneurie de Rians. On lit dans un Tableau généalogique de la
maison de Fabry (Bibl. de Carpentras, collection Peiresc, registre X, f°
387) : « Nicolas-Claude Fabry, abbé de Guistres, sieur de Peiresc, baron
de Rians, etc. »

moder. Je me haste tant que je peux d'achever, mais l'embarras des notes du s^r Ballard dont je ne puis jouir qu'avec une estrange patience, me recule tousjours, ce qui me desplait d'autant plus que je m'estois proposé de vous l'envoyer plus tost. Si l'on remettoit l'ancienne mode d'escrire à la main, nous en aurions souvent plus de contentement et meilleur compte. M. Gabriel m'a rendu les inscriptions arabes et m'en a donné la vraye escripture et l'explicacion. Par où vous verrez combien elle est differente de celle que vous m'aviez envoyée, laquelle je vous renvoye aussi. Quand vous aurez fait transcrire la version de M. Gabriel, je seray trez ayse de ravoir le papier, car je n'en ay point de copie. Quant aux empraintes de cire, je ne crois pas que vous desiriez que je vous les renvoye, ce que je feray neantmoins au premier mot que vous m'en escrirez. Si tost que vous m'aurez renvoyé mon espitre liminaire, je la feray imprimer (1) avec l'avertissement au lecteur et vous enverray tout ce qui sera parfait. Je presente mes humbles recommandations à M.

(1) J'ay eu sous les yeux l'in-f° de 1636. J'en reproduis le titre complet : *Harmonicorum instrumentorum clavichordiis, fistulis, tibiis, serpente, cornubus, organis, campanis, cymbalis, atque tympanis. Authore F. MARINO MERSENNO ordinis Minimorum. (Omnis spiritus laudet dominum. Psalm. 150). Lutetiæ Parisiorum, sumptibus Guilliclmi Baudry, via Amygdalina, prope collegium Grassinorum,* M.DC.XXXVI. *Cum privilegio Regis, et approbatione superiorum.* — L'épitre dédicatoire, ainsi datée: *Idibus novembris anni 1635,* est adressée en ces termes au protecteur de l'ouvrage : *Nobilissimo viro Nicolao Claudio Fabry, Peirescii Calasiique domino, Riansii barone ac Guistrii domino et abbati, integerrimoque in suprema provincialium curia Senatori.* Cette épitre, qui n'occupe qu'une seule page, n'a rien d'emphatique et d'exagéré. Le P. Mersenne y loue convenablement son bienfaiteur, rappelle ses vertus et surtout sa générosité et termine en exprimant le vœu — qui devait être si peu exaucé — que Dieu conserve sain et sauf pendant plusieurs années cet homme si dévoué à la république des lettres. Un peu plus loin (à la page 6), Mersenne remercie Gaffarel et Naudé qui lui ont procuré divers instruments de musique pendant leur séjour en Italie : *Varia instrumenta ab cruditissimis et amicissimis viris Jacobo Gaffarello et Naudæo missa fuerint ex Italia.*

Gaillard et au père Théophile s'il est encore dans vos quartiers, sans oublier M. Gassendi s'il n'est desjà parti. J'ajoute icy une particularité pour les tuyaux d'orgue ausquels ayant voulu faire prononcer les voyelles, j'ay trouvé *a*, *e*, *o* et *u*, et n'ay encore *i* qui me fait plus de mal que le reste. Je ne desespereray pas de trouver les consones n'estoit que les experiences sont de coust. C'est pourquoy je me contenteray d'avertir de la manière d'y proceder. Nous avons icy un brave homme qui est aprez à impetrer puissance du Roy pour joindre les deux mers depuis Blaye jusques à l'autre costé, de 60 lieues sans demander aucun denier ni au Roy ni au peuple (1). Il a inventé une nouvelle manière de caractère pour la musique qui sont fort aysez et dit qu'il a rendu le luth plus aysé que la guitarre.

Vous voyez, Monsieur, que j'ose vous mander mes petites conversations.

J'ay un *Galilée latin*, de motu terræ, imprimé à Strasbourg, il en est venu 350 à Paris et ainsi il sera commun par tout le monde. On m'a asseuré que le s⸢r⸣ Galilée fait imprimer son livre des mouvemens et des mecaniques ; vous m'en pourrez apprendre des nouvelles plus particulières. Je voudrois qu'il fust aussi bien en France que le père Campanella. Voila, Monsieur, tout ce que je scay maintenant, ce pourquoy je fais la fin en priant Dieu de vous tenir en bonne santé et demeure tousjours,

Vostre trez humble serviteur,

F. M. Mersenne, M⸢n⸣.

De Paris.
Ce 1 Juillet 1635 (1).

(1) Nous trouverons plus loin sur le même très intéressant sujet un passage plus détaillé.
(2) Bibl. nat. f. fr. 9543, f⸢o⸣ 20. Autographe.

Je ne sçay si je vous ay escrit que le duc de Savoye faisoit venir un jeune homme de 20 ans de Messine en Cicile qui voit trois pieds à travers les murailles et avant dans les murailles et au travers du corps de l'homme comme ceux de la compagnie de M. de Belièvre m'ont mandé (1), ce qui me semble fort incroyable, et, si vous sçavez qu'un père Jesuite estant allé à Loudun pour exorciser a esté possedé ou obsedé (2) luy mesme, comme ses propres lettres tesmoignent (3).

XIV

(Même adresse.)

Monsieur,

Je ne sçay si je vous escrivis dernièrement qu'un excellent homme m'est venu voir de Gascogne qui est venu trouver le roy pour avoir permission de joindre les deux mers par

(1) Parmi les compagnons de Bellièvre se trouvait La Motte Le Vayer, comme on pourra le voir dans le t. III des *Lettres de Peiresc aux frères Dupuy,* tome où il est souvent question de l'homme à la vue si perçante.

(2) Mersenne a bien fait de se reprendre ; il y eut bien plus d'*obsession* que de *possession* dans le cas du Père Surin (Jean-Joseph, né à Bordeaux en 1600, mort en cette ville en 1665).

(3) Une des lettres du martyr des diables de Loudun a été imprimée en l'année même où Mersenne écrivait ceci : *Lettre du Revérend Père Seurin (sic), jesuite, exorciste des religieuses Ursulines à Loudun, écrite à un sien ami jesuite, où se voient des choses estranges arrivées en sa personne,* etc. (s. l. 1635, in-8°). Il faut rapprocher de cette pièce l'*Histoire abregée de la possession des Ursulines de Loudun et des peines du P. Surin, ouvrage inédit faisant suite à ses œuvres* (Paris, 1828, in-12), reproduction incomplète d'un manuscrit in-4° qui appartenait à la collection Luzarche et qui est intitulé : *La vie du R. P. Surin en laquelle il parle des maux qui luy sont arrivés ensuite de la possession des démons chassés par son ministère.* A tout ce que les Pères de Backer et Sommervogel ont dit de leur malheureux confrère (t. III, p. 990-1000), on peut ajouter, comme pour le P. Delrio, un curieux article du *Dictionnaire infernal.*

Bayonne et Narbonne, sans qu'il demeure aucune difficulté de toutes celles qui se presentoient dans les propositions de plusieurs autres qui s'en estoient meslez ; ils sont 4 qui le veulent entreprendre sans qu'il en couste rien au peuple ni au Roy. Il est fort habile homme en tout ce dont je l'ay entretenu et parle avec un fort bon jugement (1). J'avois aussi peut estre oublié de vous dire qu'il y a 3 jours que le R. P. Campanella me vint voir. Le froid a esté si grand aujourd'hui qu'on geloit dans les chambres (2). J'ay veu

(1) C'était, comme on le verra plus loin, un sieur Lemaire, champenois de naissance et toulousain d'adoption. Les renseignements précis manquent sur ce précurseur de mon excellent confrère et ami M. René Kerviler, lequel est aussi habile ingénieur que savant critique et qui réussira aussi bien à unir par un profond canal l'Océan à la Méditerranée, qu'il réussit à nous donner cette autre belle œuvre qui s'appelle le *Répertoire général de bio-bibliographie bretonne*. Ce devait être un bien merveilleux pesonnage, presque un magicien, que ce *brave homme* qui, sans le moindre secours pécuniaire, sans la moindre subvention, comme nous disons aujourd'hui, voulait doter notre pays de cette complète et magnifique voie navigable dont le génie de Riquet ne devait nous donner qu'un tronçon. Dans la livraison de janvier 1891 de la *Revue de Gascogne*, j'ai interpellé mes chers compatriotes au sujet de ce premier auteur d'un projet de canal des deux-mers, mais jusqu'à ce jour ma question n'a trouvé nul écho sur les bords de la Garonne. — Depuis que j'ai écrit cette note presque désespérée, j'ai reçu de M. Maurice Massip, archiviste paléographe, conservateur de la bibliothèque publique de la ville de Toulouse, le savant historien du collège de Tournon, une aimable lettre dont je cite avec reconnaissance les précieuses, quoique incomplètes indications : « Faut-il vous renvoyer à l'ouvrage intitulé : *Des Canaux de navigation* par Lalande, 1778, où l'on voit que le Conseil, par arrêt du 23 janvier 1636 avait passé un bail pour la construction d'un canal de navigation à Jean Le Maire qui ne pût l'exécuter ? Et à l'*Histoire du canal* publiée en 1805, où nous trouvons ceci (p. 9) : On alla plus loin en 1636. Le Conseil d'Etat passa un bail avec Jean Le Maire pour la construction de ce canal, mais cet entrepreneur fut dans l'impuissance de l'exécuter ? » Mon obligeant correspondant ajoute : « Et c'est tout ! Ni la *Biographie Toulousaine*, ni aucune autre biographie, ni M. Roschach, archiviste de la ville, ni M. Gabolde, archiviste du canal, ni leurs archives, ni Lafaille, ni Froidour, ni personne à Toulouse n'en paraissent savoir plus long et nos livres n'en disent pas davantage ».

(2) Par une inadvertance que tout le monde excusera, car de même, dit-on, que les plus grands dévôts sont sujets aux plus grandes tentations, les

depuis peu un manuscrit de la version de Proclus sur le
Parmenide de Platon ; et Suisset sur Aristote ; il est imprimé
de vieille lettre gothique et n'est pas plus gros qu'un doigt,
c'est luy qu'on appelle *Calculator*, et l'on veut le vendre
200 livres quoiqu'il n'ayt pas seulement une couverture ; et
un autre livre, de ces vieilles images d'Italie à la main et
imprimées qu'on veut vendre mille escus. M^r Du Puys a
vostre livre arabe depuis hyer. C'est ce que j'ay voulu ajouster à mes dernières lettres parce que le sieur Liegois (1)
qui vous va voir en allant à Rome a desiré que je vous
escrivisse. S'ils peuvent me donner *Proclus in Timœum*
et *Alcibiadem* qui est desjà imprimé en Grec ils feront un
grand coup. Vous les pourrez encourager à cela luy et Holstenius. Je ne sçay si vous avez veu les instrumens antiques
que l'on m'a envoyé, de dessus les marbres de Rome à plusieurs fois lesquels j'ay fait graver tous ensemble, je les
ajoute icy afin que vous en ayez le contentement et demeure
tousjours,

Monsieur,

Vostre trez humble serviteur,

F. M. Mersenne.

J'avois tousjours oublié de vous demander vostre avis sur

---

meilleurs travailleurs sont le plus exposés à faire ce qu'un d'eux appelait
une *glissade*, M. Hauréau a cru que cette lettre, écrite à Paris, comme les
précédentes et les suivantes, avait été écrite en Languedoc, et il a dit
(p. 155 de sa notice) : « Mersenne fit un voyage dans le midi de la France
au commencement de l'année 1635. Nous le trouvons à Cette, la veille de
la Pentecôte, ayant très grand froid, car on *gelait*, dit-il, *dans les
chambres.* »

(1) Ce *sieur Liégeois* est l'helléniste Dormalius. Nous verrons plus loin
que Peiresc reprocha au Père Mersenne de n'avoir désigné Dormalius que
par une périphrase. Mersenne lui aussi avait manqué, ce jour là, de
mémoire, comme il l'explique en sa défense.

l'une de ces figures, à sçavoir R S Q parceque nous ne sçavons si l'animal Q est un chat, un lion ou un bœuf que les Egyptiens missent sur leurs cistres et M. Naudé qui me l'envoya n'a peu qu'en conjecturer. Quant aux flustes A C et B D Je ne sçay si se sont dextræ et sinistræ de Terence dont il jouoit ses comedies. Vous verrez si vous en sçaurez quelque chose. Si j'eusse peu faire tirer assez tost la figure de mon instrument de la Chine je vous l'eusse envoyé ; ce sera pour une autrefois (1).

Cette veille de la Pentecoste 1635.

XV

(*Même adresse.*)

Monsieur,

La presente sera pour vous dire que j'ay desja fait voir l'inscription de vostre tasse à l'un de nos Arabes qui dit qu'il n'est pas bien torné en françois, mais je la veux monstrer à M. Gabriel affin d'en avoir son avis et puis je vous renvoyeray le tout. M. Gaulmin m'a prié de vous escrire sur les livres qui vous sont venus du Levant 1° qu'il desireroit bien en avoir le catalogue ; 2° que vous en pourrez faire achepter d'excellents et à grand marché à Damas et qu'il le feroit de bonne part pourveu que vous y ayez quelque amy qui s'y connoisse. Le reverend père Perier qui nous a icy honorez de sa bonne compagnie vous rendra la presente et vous tesmoignera le desir et l'esperance que j'ay de vous aller voir quelque jour quand il plaira à Dieu et aux superieurs d'où je

(1) Bibl. nat. f. fr. 9543, f° 22. Autographe.

pourray aprez donner jusques à M. Dony pour voir l'Italie (1),
quoy qu'il samble que les guerres nous doivent empescher
longtemps si Dieu n'a pitié de nous et ne nous donne la paix.
Je ne sçache icy rien de nouveau pour le present ; je voudrois
bien sçavoir de quelle force sont les aymants les meilleurs
que vous ayez veus sans estre acreuz parcequ'on me dit icy
qu'on en a veu qui seroient 8 fois aussi pesant qu'eux, ce
que j'ay de la peine à croire. J'en ay veu un qui léve 2 fois
et demi aussi pesant qu'il est et c'est le meilleur que j'aye
jamais tenu. Quelques-uns tiennent qu'il y a des pierres qui
attirent l'or ; je n'en ay pas veu l'experience.

J'estois près de vous renvoyer vos figures de vostre tasse
par le R. P. Perrier, mais estant allé voir M. Gabriel Sionita,
ayant vu l'interprétation que vous m'en avez envoyée et lu
l'escriture de la tasse il a trouvé 3 choses : La 1ᵣₑ que le
turc n'a pas escrit comme il y a sur la tasse, mais d'autres
choses fort differentes ; la 2ᵉ que ce qu'il a escrit n'est pas
la plus part arabe, mais des mots barbares et qui ne signifient
rien du tout ; la 3ᵉ que ce qu'il a mis d'arabe il a si mal
torné qu'il ne signifie quasi rien de ce qu'il a mist , je luy ay
laissé le tout affin de l'escrire et de le torner comme il faut
de sorte que j'attends de vous le renvoyer en meilleure forme ;
la 4ᵉ que ce gros caractère quarré Arabe de la tasse n'est pas
ancien ni consequemment la tasse ; la 5ᵉ qu'on expose en
de semblables au marché de ces pays là aussi vulgairement
qu'icy des pots de terre ou d'autres hanaps à vendre. Pour
l'empreinte de cire il ne connoist rien aux caractères. C'est
chose estrange que pas un Européen ne sçait lire le Chinois ;
il me semble qu'il y a bien de la negligence en cela. Si le
passage estoit libre par la Tartarie il faudroit essayer d'envoyer quelque jeune homme pour l'apprendre. Mr Gauvin

(1) On voit par ce passage formel que, contrairement à l'opinion de
Leone Allacio, adoptée par le meilleur biographe du P. Mersenne, ce
religieux n'était pas encore allé en Italie. Il ne vit ce pays et la Provence
que plus tard, après la mort de Peiresc.

[Gaulmin] m'a dit qu'il y a de semblables figures dans le livre de l'Inde orientale ; j'y chercheray à la première commodité. Je suis tousjours en grande patience pour attendre les caractères du s⁻ Ballard affin d'achever mes livres. S'il ne veut me despescher, je vous les envoyray tels qu'ils seront. Je prie Dieu de vous conserver en bonne santé et suis tousjours,

Monsieur,

Vostre trez humble serviteur,

F. M. MERSENNE.

De Paris, cet octave du S⁻-Sacrement (1).

XVI

(*Même adresse*).

Monsieur,

Vous continuez à m'obliger de vos figures dont la dernière contient un petit luth à Sirènes et une forme d'épinette qui monstrent que les Levantins ne sont pas si rudes et mal polis pour ce qui est de la musique comme plusieurs qui mesme y ont voyagé se sont persuadés, quoyqu'ils puissent respondre que ceste politesse est du temps passé et qu'elle n'est plus maintenant. Ce qui me fait desirer de sçavoir de quel temps sont ces manuscrits, mais parcequ'ils n'ont pas tousjours la marque du temps je crains qu'il ne s'en faille tenir à une simple conjecture. Je m'occupe maintenant à trouver la manière de faire prononcer les syllabes aux tuyaux d'orgue. J'ay desjà rencontré les voyelles *a, e, o,* et *u,* mais *i* me fait bien de la peine, et puis j'ay treuvé la syllabe *vé* et *fè.* Je ne sçay si je pourray prendre le loisir de trouver les autres consonnes à raison des differentes experiences qu'il faut faire

(1) Bibl. nat. f. fr. 9543, f⁰ 23. Autographe.

sur ce sujet, lesquelles estant de coust, je laisseray le reste
à ceux qui voudront passer outre. Si Monsieur Gassend est
avec vous, aprez l'avoir salüé de ma part, s'il vous plaist,
vous lui direz qu'ayant fait plusieurs experiences trez justes
dans l'eau calme de hauteur de 13 pieds de roy, que j'ay
remarqué que la mesme balle de plomb qui descend en l'air
de 13 pieds de haut dans deux temps donnez, descend dans
la dite eau de mesme hauteur en 5 temps très justement ; et
que la mesme boule estant tellement creusée et pourtant
bouchée qu'elle ne pèse plus que le tiers de son poids pre-
cedent descend dans l'eau en dix temps trez justement. D'où
je desirerois pouvoir conjecturer quelque chose de la proportion de l'epesseur ou densité et du poids de l'air et de
l'eau. Vous pouvez me faire sçavoir ce qu'il trouvera que
l'on en peut tirer : peut estre que je feray bientost l'experience
avec une boule d'or qui est le plus pesant de tous les corps.

Le R. P. Gilles (1) m'a escrit sur son depart allant au
chapitre à Bourges et m'a fait esperer qu'il me donneroit
quelques remarques d'un livre arabe qu'il a presté à Gien,
lorsqu'il seroit de retour, et cependant m'a escrit qu'en
Turquie on ne sçait point chanter, mais seulement criailler
avec de certaines lettres au lieu de nos notes ; peut estre
qu'elles respondent à nostre *ut, ré, mi, fa.* C'est particulièrement ce que je voudrois sçavoir de vos manuscrits affin de
voir s'ils usent de leurs lettres ou autres caractères ou
ciphres pour signifier les notes comme faisoient les Grecs
anciens, et par là j'entendrois, ce me semble, tous leurs
manuscripts en voyant les seules figures, et pour ce sujet il
faudroit faire apprendre un peu des principes de nostre
gamme ou main harmonique à vostre Turc ou à quelque

(1) C'est le R. P. Gilles de Loches, capucin, un des plus instruits correspondants de Peiresc. Pour ce religieux, comme pour tous ceux de ses
confrères qui furent en relation avec mon héros, je renverrai, n'ayant
déjà que trop sacrifié en tout ce travail au démon de l'annotation, je renverrai, dis-je, au recueil déjà cité, déjà loué, du P. Apollinaire.

Arabe, ce que M. Gassend peut faire dans une heure et dès lors il pourroit dire à quoy respondent nos caractères des manuscrits et s'enquerir des Turcs qui sçavent chanter ce qu'ils mettent au lieu de *ut, ré, mi*, etc.

J'ay veu depuis peu deux hommes l'un nourri avec les Toulousains depuis l'âge de 12 ans quoyque Champenois, et l'autre de Bar-sur-Seine qui m'ont confirmé par leurs discours et dans mon opinion qu'il y a souvent ès petites villes des gens qui surpassent quasi tous ceux qu'on estime sçavoir particulièrement en de certaines parties des arts ou des sciences qu'ils ont plustost trouvées par leur bon genie qu'apprises dans les livres. Et de fait le premier a trouvé de nouveaux caractères de musique (1) qui feront concevoir toute la musique en peu de temps et une manière d'aritmetique merveilleusement facile aussi bien que l'autre a fait. C'est pourquoy je voudrois que nous eussions une telle paix que l'on put dresser une Académie non dans une seule ville comme l'on fait icy et ailleurs, mais sinon de toute l'Europe, du moins de toute la France, laquelle entretiendroit ses communications par lettres, qui seroient souvent plus profitables que les entreparlers où l'on s'eschauffe souvent trop à contester les opinions que l'on propose, ce qui en destorne plusieurs (2). Vous trouverez une tablature de musique que

(1) Je ne puis rien dire de l'homme remarquable de Bar-sur-Seine, mais l'autre est Jean Le Maire, déjà mentionné, et puisque Mersenne le loue ici comme musicien, c'est l'occasion de rappeler, avec la *Nouvelle biographie générale* (t. XXX, p. 559, article signé de l'initiale K), que « le P. Mersenne, dans son *Traité de l'harmonie universelle*, cite Lemaire comme l'inventeur de là syllabe *za*, qu'il voulait introduire dans la solmisation pour la 7me note, et il ajoute même qu'il avait imaginé de nouveaux signes pour la notation. » L'auteur de l'article continue ainsi : « Ce qui pourrait faire supposer que notre inventeur était le même personnage qu'un musicien de la grande bande des violons du roi, nommé Guillaume Le Maire. » Notre *Jean Le Maire* n'a rien de commun avec ce *Guillaume Le Maire*. Nous reviendrons à l'article de la *Nouvelle Biographie générale* dans une des notes de la lettre XXI.

(2) La pensée du P. Mersenne a été réalisée, en notre siècle, par l'institution du Comité des travaux historiques et scientifiques avec lequel

je propose à tous ceux du Levant dans les traitez que je vous
dedie, par laquelle vous pourrez communiquer avec eux, s'il
leur plaist entrer dans le commerce des lettres. J'achève
ceste lettre en m'estonnant que vous croyiez que je n'estime
pas les dons differents de ceux en qui Dieu les met, attendu
que tous mes amis me disent que je fais trop de cas de tout
le monde et que j'estime trop ce qu'ils ont de particulier, de
sorte que je ne sçay pas quelles informations vous avez de
ma vie et de mes paroles dont je recevray tousjours fort
librement vostre censure pourveu que vous me reserviez la
liberté de vous dire que je ne me sens point encore coupable
de ce costé là, car je ne sçay ce que vous voulez dire que
j'ay fait une grande playe à l'un de vos amis et aux miens,
si ce n'est que j'ay dit quelques paroles de compassion à cet
honneste homme Liegois (1) d'un de ses amis et des miens,
de ce qu'il a quelques opinions que je desirerois qu'il quittast
et que j'estois marry que quelqu'un les fomentoit. Je ne
doute pas que vous ne desirassiez la mesme chose de moy et
de qui que ce soit de vos amis, si vous sçaviez qu'ils vous
estimassent miserable d'avoir l'opinion de la religion chrestienne que vous avez, à sçavoir de sa certitude, et vous ne
feriez pas, ce me semble, le devoir d'un vray amy si vous
n'essayiez par vous ou par ceux que vous croiriez avoir
quelque force sur mon esprit de me destorner tout doucement
de cet opinion ou du moins, si faire ne se pouvoit, d'en
tesmoigner vostre passion à ceux de vos amis qui le sçau-
roient aussi bien que vous et qui y pourroient peut estre
apporter quelque lenitif. Et neanmoins j'ay esté si retenu
que jamais je n'en ai parlé à qui que ce soit que je sçache

correspondent les travailleurs de chaque région de la province. On voit
combien Mersenne a devancé, sur plusieurs points, les idées de son
temps.

(1) Dormalius qui avait répété à Peiresc les libres propos de Mersenne,
pendant que, se rendant à Rome, il avait joui à Aix de l'hospitalité du
généreux ami des savants.

sinon audict Liegois qui vous aura peut estre augmenté 3
ou 4 paroles de compassion en des invectives. Je ne dis que peut
estre car quoy qu'il en soit je vous di la verité de mon costé.
S'il y a quelque autre chose que je ne sçache pas ou que je
soupçonne mal, vous me ferez plaisir de m'en advertir et ne
doutez nullement que je ne vous aye autant d'obligation de
tous vos charitables avertissements que de nulle autre chose
et que je n'en profite autant que qui que ce soit. Mais il est
pourtant bon que vous ne vous laissiez pas tellement preoc-
cuper que vous croyiez tout ce qu'on vous peut dire sans
que je trouve plus d'oreille preste à embrasser ce qui sera
de la verité. Or quoy qu'on me die que je fais trop d'estat
d'un chacun, je ne laisse pas de poursuivre de ce costé là,
aymant mieux me tromper à cet estime qu'à quelque mespris
que ce soit. Ce que mes escrits vous confirmeront tellement
que j'estime que vous en rendrez vous mesme bon tesmoignage et que vous en aurez la satisfaction. Je prie nostre bon
Dieu qu'il nous donne la paix affin de le servir avec plus de
courage et de tranquilité et quant et quant qu'il vous conserve
en bonne santé dont j'ay plustost sceu la restitution que la
chute.

J'espère vous envoyer bientost bonne partie de mon
ouvrage en blanc en attendant que le reste se puisse imprimer tout doucement suivant le loisir que je pourray derober
à M. Ballard sans les caractères duquel je ne peux rien
avancer, car il m'ennuye que vous ne voyiez aucun fruit de
vos liberalitez. Je ne vous escris rien de ce qui se passe icy
pour les affaires d'autant que vous avez assez d'amis qui vous
en peuvent mieux escrire que moi qui ne m'en mesle point.
Au reste vous me faites craindre qu'on ne vous ayt pas porté
la pierre entière (1) attendu que vous me dites que vous en
avez receu un morceaux. Je vous l'ay envoyée tout entière

(1) La pierre du Poitou dont il a été déjà question et qui a été mentionnée par Gassendi dans la vie de Peiresc, à l'année 1635, p. 436 : *lapidem
natentem, quem a Mersenno acceperat*, etc. »

n'en ayant retenu qu'un petit esclat de cette grandeur et
epaisseur (1), et M. Du Puy autant pour lui, elle est toute
entière et quasi grosse comme la teste ; vous en ferez tout ce
qu'il vous plaira et si elle ne suffisoit pas pour vos experiences je m'efforcerois d'en ravoir encore quelque autre. Si
j'eusse peu rencontrer ma lettre du médecin où la grandeur
de la marque du sorcier qu'il a sur l'une des fesses est des-
crite, je vous l'eusse envoyée avec la grandeur du canivet
qu'il a fourré dedans sans douleur. Si l'imagination ne me
trompe elle est grande comme ce cercle (2), et le tranchant
du canivet, long comme vous voyez ; il sonda la plaie aux
points que vous voyez ou environ avec le tranchant tout
enfoncé. Et avec d'estranges figures faites de plusieurs ban-
des de la couëffe de la damoiselle de Vinneuf ensorcelée qui
n'est point encore guérie et ne guérira jamais ; il est vray,
comme dit le sorcier qui est encore en prison, parceque
le sort est à la mort.

Je tasche maintenant de faire faire un orgue qu'on puisse
porter dans la poche partout où l'on voudra ; je verray si
cela pourra reussir, mais il faut 5 claviers pour faire parler
les tuyaux de sorte que l'on puisse faire les 4 parties dessus.
Et si l'on ajouste le jeu des violes et du luth, ce qui est aysé
l'on aura un panharmonique qui contiendra tout. Si vous
avez quelques excellents musiciens comme je ne doute pas
qu'il y ait quantité de bons maistres dans la Provence, vous
pourriez leur faire proposer ce desfi qu'on m'envoye
d'Angoulesme où quelqu'un croit qu'il n'y a personne dans
Paris qui en puisse venir à bout (3).

Le prix est d'une plume d'argent à celuy qui fera la pre-

(1) Il y a dans le ms. une figure de la grandeur et de l'épaisseur du
morceau gardé par Mersenne.

(2) Figure dans le ms.

(3) Suivent quelques notes de musique que je ne crois pas devoir reproduire, car les lecteurs de 1894 les trouveraient aussi mystérieuses, aussi
impénétrables que les curieux de 1635.

sente cadence à 6. La basse tousjours basse sans pause, sans rencontre, sans souspir et sans deux quartes de suite ni de la 15 a l'8 ni de l'8 à l'isson et sans trois tierces majeures ou mineures sur la basse.

Je me suis estonné que je ne rencontre icy personne qui ne soit si affairé qu'il veuille entreprendre cela ; il faut à mon advis qu'il y ait quelque trait de maistre bien difficile à trouver là dedans, car il y a, ce me semble, longtemps que je luy avois envoyé la solution de 2 ou 3 musiciens sur cela où il a trouvé des fautes et qu'ils n'avoient pas executé tout ce qui est dans le requis.

Monsieur, je vous prie excuser si je vous adresse si peu de choses ; laissez-le si vous voulez sans seulement le considerer, comme indigne de vostre employ ; du moins vous pourrez voir ce qui est le plus prisé parmi les praticiens de cet art. Et puisque vous ne mesprisez pas les moindres choses du monde vous ne rejetterez peut estre pas celle cy quand il n'y auroit que le titre de juge prevost que porte celuy qui la propose comme en estant l'auteur et proposant luy-mesme le prix. Si j'ay esté trop long accusez-en l'affection qui m'establit vostre trez humble serviteur.

F. M. MERSENNE.

Ce 15 juillet 1635 (1).

Je ne sçay si j'aurois oublié à vous remercier de la licence d'absoudre de l'héresie que je reçeus par vostre moyen, ce que je fais maintenant en ce cas, puisque vous m'en avez fait ressouvenir, mais ne vous imaginez pas qu'on s'en puisse servir pour soymesme : elle n'est que pour le bien d'autrui, que je croy ; car tantum valet quantum servat : et par ainsi ne craignez pas que je m'en serve, Dieu me (2) fera, s'il luy

______

(1) Bibl. nat. f. fr. vol. 9543, f° 24. Autographe.

(2) Il y a dans le ms. : ne.

plaist, la grace de n'en avoir point de besoin ; si neammoins
vous reconnoissiez quelque si grand crime en moy que j'aye
besoin d'une patente expresse de Rome, avertissez m'en, et
j'y mettray bientost ordre par les banquiers : et cependant
je diray à Dieu : Ab occultis meis munda me, et ab alienis
parce servo tuo.

XVII

(*Même adresse.*)

Monsieur,

Puisque je n'ay point sceu jusqu'ici les qualitez de M. Dony
outre celles que je luy donnois à l'ordinaire, parceque nul ne
m'ayant appris le changement de ses dignitez je ne pouvois
pas les deviner et que je ne cognois icy personne qui les
sçache ou du moins qui me les die, je vous prie de me
donner l'inscription dont il faut que j'use pour luy escrire (1).
Je ne vous repete point ce que je vous ai escrit par mes
dernières ou pour respondre à vostre partie ou à tout ce que
vous me mandez par vostre dernière. Permettez-moy 1º de
vous dire que je ne crois pas vous avoir fait jugement d'aucun
que celuy que les plus habiles de Paris m'ont appris et
portant excusez si j'ay suivy leur avis à l'aveugle ; 2º que je
n'ay point envoyé la responce du roy de Cypres qui se trouva
au lieu assigné du duel où le pape les accorda tous deux en
faisant faire reparacion d'honneur à l'attaquant (2), parceque
je craignois mesme que vous ne feissiez aucun estat de cela de
sorte que ce que vous jugez quelquefois de mon oubliance ou
de ma precipitation arrive de crainte que j'ay que vous jugiez

(1) Doni venait d'être nommé secrétaire du Sacré-Collège.
(2) Voir plus loin la citation de quelques passages de l'ouvrage de
Guillaume de Machaut relatifs à cet incident.

indigne de vous tout ce que je vous puis escrire. Mais comme je voy l'estat que vous me tesmoignez d'en faire, peut estre qu'il y aura moyen de vous contenter en quelque chose lorsque les occasions s'en presenteront. Quant au nom des excellens hommes, puisque vous les voulez sçavoir, M. Gassend les connoist tous ; il vous les nommera, car il a communiqué avec eux, ou si vous ne voulez pas attendre sa venue, ce sont messieurs Pascal president aux Aydes, à Clermont en Auvergne, Mydorge, Hardy, Roberval, des Argues, l'abbé Chambon et quelques autres (1). Quant aux 2 manuscrits ils sont à M. Haultin conseiller au Chastelet l'un des plus scavans et des plus curieux de toute la ville (2) J'avois en effet oublié le nom de M. Dormalius, et je le veux escrire dans mon memorial pour le retenir. Au reste quand je scauray à qui je dois la restitution de l'honneur, je le leur rendray à un plus haut point que vous ne croyez que je la leur ay confiée et si je peux faire seigner le contraire à ceux qui m'avoient imbus de ce que je vous puis avoir mandé, uous verrez bientost leur dedit quoy qu'il ne me souvienne pas d'avoir jamais deprimé sciemment la connoissance ou la vertu de quelqu'un, croyant avoir plustôt excedé au contraire. Pour Dijon je vous ay desja dit que l'erreur de la plume m'a estonné, et pour le 15, c'est que je n'ay pas eu dessein en y mettant le ciphre de vous l'envoyer devant le 15, pour de certaines raisons par dessus lesquelles je passe neanmoins. Quant à

(1) Ces *excellens hommes*, déjà presque tous mentionnés par le P. Hilarion de Coste, furent au nombre des meilleurs amis de Mersenne, qui était le chef de ce petit bataillon sacré. M. Charles Adam, dans sa notice déjà plusieurs fois citée sur l'*éducation de Pascal*, s'est occupé de tout le groupe. J'indiquerai particulièrement ce qu'il dit du moins connu de tous ces disciples de Mersenne, Desargues (p. 32). Voir aussi sur le « centre scientifique » de la Place Royale, la remarquable notice de M. R. Dezeimeris sur *Pierre Trichet*, Bordeaux, 1878, p. 17-19.

(2) Voir sur J.-B. Haultin un bon petit article dans le recueil déjà cité de M. Edmond Bonnaffé, *Dictionnaire des amateurs français du XVIIe siècle*. Haultin possédait à la fois une belle collection de livres et une belle collection de médailles.

mon gros volume n'y pensez point, car c'est une pièce de cabinet qui ne verra jamais le jour (1) ; si vous en voulez une copie je vous l'envoyray quand il vous plaira, mais il est si laborieux (2) que je ne croy pas que vous trouviez aucun qui le veuille faire. Je vous parleray toutes fois des lunettes après vous avoir dit que vous devez m'excuser de la musique de Saint-Alexis (3) si je ne prononce pas si viste mon sentiment puisque les plus grands maistres de musique du Roy prennent bien trois mois de temps pour dire leur avis d'une simple pièce de musique. Si nous avions des règles de jugement, pour la bonté des concerts et de la composition aussi fermes et invariables que celle des elemens d'Euclide, je vous aurois fait responce et envoyé la dite musique dès le premier voyage, laquelle j'ay mise entre les mains de M. Aubry pour vous la renvoyer bien fidellement, et pour vous en remercier très humblement ; elle est fort bien faite et les parolles sont exprimées avec beaucoup de jugement à mon avis, car je ne vous diray rien du jugement des autres puisque je ne veux pas qu'ils me rendent odieux en vostre endroit. Pour les lettres de la relacion du sorcier je vous les promets quand je les aurois retirées de ceux qui les ont, si par hazard ils ne les ont perdües. Et finalement pour la pierre nageante telle que je l'ay eue sans l'avoir pesée telle je vous l'ay envoyée, comme je feray l'autre si j'en peux encore faire venir de Poitiers par le moyen de M. Lefevre, conseiller, à qui est le champ ; je sçauray quant et quant le nom du champ et toutes les circonstances ; et vous diray desja qu'il n'y a que ce seul champ qui en ayt, et qu'il y a un bois dessus et un ruisseau assez proche. Je vous remercie

(1) De quel ouvrage s'agit-il donc ? La *pièce de cabinet* resta-t-elle inédite ?

(2) C'est-à-dire : exige tant de travail, est si pénible à copier.

(3) Sur cette œuvre musicale, protégée à Rome par le cardinal Fr. Barberini, voir divers détails dans le tome III des *Lettres de Peiresc aux frères Dupuy*, p. 348.

de la remarque des deux anagrammes qui font *ut, ré, mi,*
etc. Si ce sont deux Benedictins, la chose en vient encore
mieux, et si bons amis encore mieux à cause de Guy Aretin
benedictin qui trouva l'*ut, ré, mi, fa, sol, la* (1). J'oubliois
aussi à vous remercier du soin que vous avez pris du congé
que je desirois pour l'Italie (2) quoy que le principal but du
voyage soit pour vous voir et vous offrir tout ce que je sçais ;
si jamais la commodité et la santé me le permettent et que
la paix que nous souhaittons si fort m'y provoque. Mais il ne
faut pas que j'oublie ce que je veux dire des lunettes et
miroirs dont vous ferez participant M. Gassend qui n'aura
gueres bien observé l'eclypse si le temps luy a esté aussi
contraire qu'à nous, les nuées perpetuelles nous ayant
empesché. Lorsque j'allois à matines à minuit, elle estoit
desja au tiers de son defaut, si les nües ne m'ont trompé.
Pour la certitude de l'orloge je n'en respond pas. J'ay donc
apris que 3 verres de mesme grandeur, matière et figure
dont l'un estoit sans teint l'autre avec teint sur son convexe,
et le 3ᵉ sur son costé droit que le 1ᵉʳ brusle à deux pieds.
L'un par refraction, sa section estant prise sur un cercle
dont le diamètre est de 2 pieds. Le teint sur le plan droit le
fait brusler d'un pied par reflexion et le teint sur le convexe
le fait brusler de demi pied. Vous en verrez l'experience en
faisant faire 3 verres de mesme grandeur sur un mesme
moule, celui qui l'a experimenté est M. de la Roche-Maillet
très curieux en miroirs et lunettes, et advocat au Parle-

(1) On sait que Guido d'Arezzo, moine bénédictin de l'abbaye de Pomposa
(duché de Ferrare), a été longtemps regardé comme l'inventeur de la
gamme, mais qu'on l'a, de nos jours, dépossédé de cet honneur. Les critiques spéciaux ont toutefois reconnu qu'il simplifia la méthode suivie
jusqu'à lui et, ainsi que Mersenne, lui ont attribué la mise en usage,
comme signes musicaux, des syllabes énumérées par le bon Père.

(2) Il n'y eut donc en 1635 qu'un simple projet de voyage en Italie. On a
confondu l'intention avec la réalisation.

ment (1), qui fait encore de beaux enfans à 70 ans (2). Voyla, Monsieur, ce que j'ay pour le present à vous mander. J'espère que vous aurez receu le livre que je vous ay envoyé par les mains de M. Aubry avant que de lire la presente. Mais puisque vous desirez si fort la response du roy de Chyppre, en attendant que vostre Quentin que je ne connois pas encore (3) vous escrive les 31 colonnes de vers, du sieur Machaut (4) qui explique l'amande honorable faitte à genoux devant le pape par le seigneur de Lesparre, si vous le jugez à propos vous le pourrez envoyer à M. Dony, mais il meprisera peut-estre ce viel langage.

C'est la teneur de la lettre envoyée pour response au seigneur de l'Esparre de par le roi de Chippre et de Jerusalem (5).

Florimond sieur de l'Esparre nous avons receu et vehu votres lettres lesquelles nous avez envoyées, et comme est (6) de ce que escript nous avez, comme les responces des dites lettres nous envoyons dedans la feste de Noel prochain venant, savoir vous faisons que nous, si comme le savez,

(1) Savait-on que Gabriel Michel, sieur de la Rochemaillet, déjà connu comme biographe, éditeur, jurisconsulte, etc., avait été aussi un collectionneur d'objets relatifs à l'optique ?

(2) La gauloise plaisanterie de Mersenne fait penser au joli mot dit par Corvisart à Napoléon. Du reste, la Rochemaillet ne mourut que dix ans après avoir fourni au correspondant de Peiresc l'occasion de s'amuser un peu d'une aussi tardive paternité.

(3) Le copiste parisien de Peiresc si souvent mentionné dans la correspondance avec les frères Dupuy.

(4) *La prise d'Alexandrie, ou chronique du roi Pierre Ier de Lusignan par Guillaume de Machaut*, publiée pour la première fois pour la société de l'Orient latin par M. L. de Mas Latrie, Genève, imprimerie, J.-G. Fick, in-8.

(5) Mon savant confrère et ami, M Paul Meyer, a bien voulu prendre la peine, à ma prière, de comparer la leçon de Mersenne avec celle de Mr de Mas Latrie, dont j'ai le regret de ne pas posséder la belle publication. L'éminent critique constate qu'entre les deux leçons existent certaines différences qui ne sont pas toujours à l'avantage de l'édition de la Société de l'Orient latin.

(6) M. de Mas Latrie (p. 232), donne *et quant est*, qui vaut mieux.

sommes au present sur nostre arivée (1) au seint service de
Dieu mais sachiez que nous par la grace de Dieu retornant
de vers vous (2) dedans la saint Michel qui sera de la saint
Michel prochain venant en un an trouvez à la cour du Roy
de France qui vous respondra si comme affiert en tele
manière que jamais n'arez volonté d'escrire à roy crestien
par la manière qu'escript vous avez. Escript à nostre hostel
du Quid le xx jour de septembre (3) lan mil ccc lxvii de la
nativité de nostre seigneur Jesus-Christ.

Le poème commance immediatement aprez en cette façon.
Du Roy se parti li message qui estoit avenans et sages etc.
et après avoir descrit sa vie et sa mort qui fut estrange ayant
esté tué meschamment par ses seigneurs, (qu'il avoit tant
caressés) dans son lit, il conclut ainsi :

> Pierre roi de Jerusalem
> Et de Chyppre le nomma l'en
> El moi Guillaume de Machaut,
> Qui ne suis trop froit ne trop chaut.
> Si que nos trois (4) noms trouverez.
> Si diligemment les querez,
> En ces deux vers de grosse lettre
> M en oster et 2 H. y faut mettre (5)
> Si les trouverez proprement,
> Or les querez diligemment,
> Et veci des vers la manière :
> Adieu ma vraie dame chiere
> Pour le milleur temps garde chier
> Vostre honneur que j'aim sens treschier (6).
> Explicit la prinse d'Alexandre.

(1) M. de Mas Latrie a lu *armée,* ce qui rend le sens inintelligible.

(2) L'éditeur de la *Prise d'Alexandrie* imprime : retornant *de l'armée,
vous dedans la Saint-Michel.* Je proposerais de corriger ainsi : *retornant
devers vous.*

(3) Dans le texte de M. de Mas Latrie on lit xv septembre.

(4) Nos *deux* noms (texte Mas Latrie).

(5) Variante Mas Latrie : *Mar oster et h* y faut mettre.

(6) Variante Mas Latrie : Vostre honneur que *j'aim* sont très chier.

Je ne puis bien lire ces deux mots où il y a des rayes.

Quand je pourray aller chez M. de Tou, j'aviserai avec MM. du Puys, comme nous ferons pour faire tomber le manuscrit dans les mains du sieur Quentin affin de vous en descrire (1) tout ce qu'il vous plaira parceque je n'ose pas le laisser aller de mes mains sans le consentement de M. Haultin trop curieulx et jaloux de ses livres et je n'oserois plus l'aborder si je l'avois fait sans son sceu et consentement. En attendant de vos nouvelles, je prie Dieu de vous tenir en bonne santé et suis tousjours Monsieur, vostre très humble et affectionné serviteur.

F. M. Mersenne, M.

Depuis la presente escritte j'ay veu M. Bouilleau qui m'a appris par son observation d'eclypse que mon horloge alloit trop viste d'une heure à minuit, à laquelle heure commença l'eclypse et qu'il a fort bien observée, ce qui me fait croire que M. Gassend l'aura observée à l'ayse sans nuées. J'ay cherché tant que j'ay peu la lettre où la marque du sorcier estoit grande comme celle que je vous ay envoyée, mais je ne l'ay peu rencontrer. Mais en responce je vous envoie deux lettres où il m'a fort entretenu de ses experiences sur les sorciers. Il est fort habile medecin ; l'une des lettres n'a que la dernière fueille, aussi n'i a il que celle là que vous verrez qui en parle et je n'ai peu rencontrer l'autre feuille, la 2ᵉ est tout entière ; en ayant fait, vous me les renverrez, s'il vous plaist. Je veux encore vous envoyer l'index de tout ce qui est en un cabinet d'un curieux de Bordeaux (2) lequel il m'a envoyé depuis peu (3) ; il a traduit l'antologie en vers

(1) *Descrire* est là pour *transcrire*.

(2) Ce cabinet était celui de Pierre Trichet, cabinet si bien décrit par M. R. Dezeimeris dans la monographie plus haut citée. Voir surtout les pages 11 et 23. Rappelons que Pierre Trichet naquit à Bordeaux en 1586 ou 1587 et mourut en cette ville après 1644.

(3) L'*index* ne paraît pas s'être conservé. Mon excellent ami M. Dezeimeris m'écrit que ce document, qui eut été si intéressant, est fort incom-

latins (1) et a beaucoup de choses à faire imprimer (2).
Retenez le pour vous. Je vous envoie de plus les 27 maximes
d'une nouvelle philosophie qu'un medecin veust establir (3)
avec lequel j'ay fort disputé, et s'estonne qu'il y ayt aucun
homme sur la terre qui ne les embrasse comme chose catho-
liquement veritable. Voylà, Monsieur, ce que ma pauvreté
vous peut fournir pour maintenant. Si M. Gassend retourne
vous voir je luy donne cent mille bons jours. J'ay quantité de
lettres d'un homme que vous connoissez de reputation qui
est mort depuis peu fort vieil et qui avoit d'estranges lumières
et secrets dans les Rabins et l'Hebrieu, c'est le sieur Du
Loyer (4) qui a faict des spectres (5) ; si vous desirez voir

plètement remplacé par une description en mauvais vers qu'il serait tenté
d'attribuer à Geofroy Gay : *Le cabinet curieux de Pierre Trichet bour-
delois*, petit in-8, sans date).

(1) Dans les divers petits volumes de poésies latines que Trichet a publiés,
m'écrit encore M. Dezeimeris, « il y a un certain nombre de traductions de
l'*Anthologie*. Mais il est probable que son compatriote et intime ami Martin
Despois (voir p. 86 de mon édition des poésies de ce dernier,) avait fait
un recueil spécial de ses traductions versifiées du Grec. »

(2) Parmi ces *choses*, se trouvait un gros ouvrage sur les instruments de
musique. Le manuscrit est conservé à Paris, dans la bibliothèque Sainte-
Geneviève. Voir une note (p. 25) de la notice sur Pierre Trichet, où M.
Dezeimeris reproduit la description et l'appréciation du manuscrit par un
grand connaisseur en matière d'archéologie, et particulièrement d'archéologie musicale, M. Ch.-E. Ruelle.

(3) Ce médecin était-il le docteur Jean Rey, du Bugue en Périgord,
l'auteur des *Essays* imprimés à Bazas en 1630 et réimprimés à Paris par
Gobet en 1777 ? M. Dezeimeris (p. 16-17), donne les plus grands éloges aux
Essays qu'il range parmi les « productions intellectuelles qui font honneur
à notre pays. » Il signale parmi les pièces additionnelles dont Gobet a en-
richi son édition, une lettre du P. Mersenne à Jean Rey.

(4) Pierre Le Loyer, sieur de la Brosse, était mort à Angers en son logis de
la rue de la Parcheminerie dans les derniers jours de janvier 1644. On l'avait
enterré le 30. Voir C. Port, *Dict. hist. géogr. et biogr. de Maine-et-Loire*,
t. II, p. 492-494. Mersenne a raison de dire qu'il était « fort vieil », car il
avait 84 ans. Il aurait été plus vieux même, s'il fallait en croire Ménage et
Bayle qui l'ont fait naître en 1550, mais M. Port a établi qu'il était né dix
ans plus tard.

(5) *IV Livres des spectres ou apparitions et visions d'esprits, anges et
démons se montrant sensibles aux hommes*, Angers, 1586, in-4. L'ouvrage

près d'une main de papier de ces lettres sur nos conferences (1) je vous les enverray n'ayant et ne pouvant rien
qui ne soit à vous (2).

XVIII

Monsieur,

Je vous envoye par ce voyage la lettre du medecin où est
le trancheplaine de la sonde, vous me les renverrez quand
il vous plaira avec les autres. Et parceque je crains de manquer, si sur les tiltres de Monsieur Doni je ne mets rien
dessus vous priant d'y faire mettre l'inscription comme il
faut et quant et quant de me mander l'inscription necessaire pour le futur. Je ne vous touche rien icy de ce qui est
dedans, parceque je la laisse ouverte si vous la desirez lire ;
vous trouverez peut estre qu'elle le merite. J'estoys prié le
10 de ce moys d'aller chercher vostre Quentin chez M. Du
Puys pour lui faire copier les vers que vous voulez, quand
M. Hautin est venu en personne requerir ces livres en son
carrosse pour me soulager de les envoyer tant ils sont gros,
mais lui ayant desclaré la volonté que vous avez de faire
escrire ces vers, il m'a assuré qu'il les prestera quand vous
voudrez ; il demeure tout auprès de M. Du Puy et a charge
de la bibliothèque du roy en l'absence de M. Rigaut, comme
je croy (3), de sorte qu'au moindre mot M. Du Puy les fera

---

fut réimprimé à Paris, Buon, 1605 et 1608, sous le titre de *Discours et
histoire des spectres*. Collin de Plancy (*Dictionnaire infernal*), a donné
une analyse détaillée de l'étrange livre du démonographe angevin.

(1) Les lettres de Pierre Le Loyer à Mersenne sont-elles définitivement
perdues ?

(2) Bibl. nat. fonds fr., vol. 9543. fº 26.

(3) Haultin avait travaillé, dès 1622, avec Rigault et Saumaise, au catalogue de la bibliothèque royale. Voir Léopold Delisle, *Cabinet des manuscrits*, t. I, p. 199.

avoir au dit Quentin pour les transcrire. M. Haultin m'a dit avoir un manuscrit de la Chine où sont toutes les postures d'Arétin qu'il m'a promis de me faire voir (1). Sitost que j'ay baillé l'inscription de vostre tasse à M. Hardy, il a incontinent reconnu que ce n'est pas de son escriture, ce que je ne pouvois pas si bien observer, car il escrit bien mieux et son Arabe a le trait plus hardy ; ce qui n'importe nullement et mesme je suis bien ayse que vous ayez gardé l'autographe pour l'excellence de la bonne main : or il m'a tesmoigné le desir qu'il a de prendre une copie de l'escriture de vostre tasse selon que vous me l'aviez envoyée, mais il m'en a averti trop tard, j'entends M. Hardy, car je luy ay dit que je vous l'avois renvoyée, je la luy fais voir, je suis marry qu'on ne s'avise lorsqu'il est temps. Nous attendons tousjours la response du nom, grandeur et qualité de vostre poisson si prodigieux. Pour ce climat il ne produit plus rien maintenant de curieux et digne de vous. Les temps de guerre semblent nous abattre le courage, mais non pas l'affection (2) dont je demeure tousjours,

Vostre très humble serviteur,

F. M. Mersenne, M.

De Paris.

Ce 15 septembre 1635 (3).

(1) L'indécence de ces images ne révoltait donc pas le P. Mersenne ? Était-il de ceux dont l'invincible innocence ne se scandalise de rien ? Peut-être aussi, à ses yeux, la flamme de la curiosité purifiait-elle les choses les plus impures.

(2) Phrase bien gracieuse et où se reflète vivement la belle âme de Mersenne.

(3) Bibl. nat. fs. fr., vol. 9543, fo 28. Autographe.

XIX

(Même adresse.)

Monsieur,

Encore que je vous aye desja escrit deux ou trois fois sans que je sçache si vous avez receu mes lettres et papiers, j'ay neantmoins creu que vostre dernière desiroit une response fort viste affin que vous ayez le contentement de voir l'honneur ou la modestie avec laquelle je me suis comporté avec Galilée. Tout le livre est encore en vostre disposition et privati juris, d'autant que personne ne l'a veu, de sorte que si vous y trouvez quelque chose à redire ou de trop rude, je suis prest de l'oster entièrement. Sçachez pourtant que vous n'y trouverez pas un seul mot qui ne soyt vray, en ce qui concerne mes experiences, par lesquelles vous verrez que j'ay confirmé celles du Grand Galilée toutes et quantes fois que j'ay peu ; mais lorsque j'y ay cru trouver du manque, vous ne pourrez, je croy, ny luy mesme trouver mauvais que j'en aye averti. Quoy qu'il en soit le tout est en vostre disposition. Vous verrez la grande peine du calcul fort exact et plusieurs choses dont j'attendray vostre avis avant que de le publier. Quant aux experiences des yeux de tortue de mer, jamais je n'en ay veu que je sçache de sorte que je ne peux rien vous en mander. J'ay seulement experimenté que les petites gouttes d'eau qui tressaillent la nuit sur l'eau, ou les petits flots font de la lumière comme les estincelles de feu. D'abondant que la raye cuite qui commence à se corompre et la morüe font beaucoup de lumière la nuit. Je vous avois demandé quel poisson a peu estre si grand que son foye vous ayt donné tant de quintaux d'huiles et plusieurs autres choses lesquelles je vois bien que vous n'avez pas encore receu ; particulièrement 4 livres de la musique et 6 des

instrumens et vostre diamma musicale, ce que M. Aubry a
pris la peine d'adresser par voye bien certaine, car mon
dessein estoit que vous vissiez tout l'ouvrage devant qui que
ce fust comme j'estois obligé et que vous m'en fissiez librement sçavoir vostre pensée affin que s'il y avoit quelque
chose à redire comme je n'en doute pas, j'y peusse remedier
auant que d'y mettre fin. Or je vous envoye encore deux
livres l'un des sons et l'autre des mouvements dans lequel
vous trouverez tout l'examen que j'ay fait des dialogues du sr
Galilée, lorsqu'il a esté question de confronter mes experiences
avec les siennes. Du moins suis-je assuré que les miennes
ont esté repetées plus de 30 fois et quelques unes plus de
cent fois devant de bons esprits qui tous ont conclu comme
moy sans en excepter aucun. Je ne vous la feray pas plus
longue pour le present, affin de me dire d'autant plus viste,

Vostre très humble serviteur,

F. M. MERSENNE, M.

Ce **17** jour de septembre mesme jour que j'ay receu la
vostre.

J'oubliois à vous de dire (*sic*) que je fais aujourd'huy commencer le 3 livre qui est encore des mouvements, mais il
est tout plein d'experiences toutes particulières que j'ay faites
peut estre tout seul au monde, du moins que je sçache, ce
pourquoy je ne parle plus de personne (1).

XX

Même adresse.

Monsieur,

La presente qui suit mes 3 ou 4 autres sans responce vous
fera sçavoir deux choses fort notables : l'une par la lettre

(1) Bibl. nat. f. fr., vol. 9543, fº 29. Autographe.

que j'ay retrouvée des sorciers, laquelle vous me retour-
nerez avec les autres à vostre commodité, et l'autre pour
M. Gassend, lequel est prié par M. Poisson d'Angers, homme
fort envielx de lui soudre la question qui suit, sur laquelle il
me mande que Campanella et plusieurs autres ont donné de
belles solutions en 2 ou 3 feuilles de papier, dont il me promet copie lorsque je luy auray impetré les pensées de
M. Gassend sur ce sujet, auquel je vous prie faire mes
humbles recommandations. Voicy la question dont il dit que
le proposant a la vraye definition (1) sans aucuns ambages ni
sans equivoques. Elle est imprimée dans un billet.

Quæstio singularis,

Utrum sit aliqua demonstratio perfecte logica, perfecte
mathematica, perfecte sensibilis, qua probetur dari magnitu-
dinem latitudinis non expertem, quæ aliquando et alicubi
sit in puncto vere mathematico, et cujus puncti nullæ
sint partes, et tamen in eodem ipsa habeat partes extra
partes.

J'ay eu l'honneur de saluer M. vostre frère chez M. de Tou,
où je l'ay trouvé ; car il n'y a pas moyen de le visiter à sa
demeure, à raison qu'il ne peut avoir d'heure à cause de ses
affaires, comme il m'a asseuré. Nous sommes aprez à sus-
pendre les pièces d'aymant en l'air sans qu'elles tiennent à
rien. Nous les faisons desjà tenir sur la pointe d'une aiguille.
Au reste j'attends avec impatience les advis que vous me
donnerez sur mon livre des mouvements (2) afin que, s'il y
a quelque chose à changer à raison de Galilée, ce que je ne
croy pas, je n'en divulgue rien qu'il ne soit accomodé suivant
le jugement que vous en ferez et celuy des amis que je

(1) Le mot est en abrégé.
(2) Le mot est en abrégé.

puis avoir icy. Ce qu'attendant je demeure tousjours.

Votre bien affectionné serviteur,

F. M. Mersenne, Mᵉ (1).

Ce 2 octobre 1635.

XXI

(Même adresse.)

Monsieur,

Puisqu'il ne me souvient pas d'avoir encore manqué de vous faire response à celles que vous m'envoyez aussitost que je les ay receues, je ne veux pas encore manquer cette fois, affin de vous dire 1ᵒ qu'il ne manque rien à vostre livre comme vous verrez au discours qui suit fort bien et que la faute n'est qu'aux nombres et reclames de lettres où l'imprimeur a manqué. Je vous prie de me mander si vous n'avez pas le traité de l'orgue jusques à la page 392, si bien me souvient, affin que je vous envoye encore deux cayers de ce traité qui y mettent fin. Ce que je feray longue je vous enverray le reste qui tient à peu quoy qu'il me faille attendre d'icy à Noel pour 2 feuilles de musique, le sieur Ballard s'allant pourmener à Tours, Saumur, Angers, etc. Il n'y a remède ; vos conseils m'ont empesché de perdre patience parmi tant de longueurs. L'imprimeur qui a avancé beaucoup du sien ne lairra pas à debiter ce que je vous ay envoyé pour se rembourser. J'envoye encore une lettre à M. Doni toute ouverte parcequ'il y a des choses qui meritent vostre

(1) Autographe. Pièce restituée à la Bibl. nat. le 30 avril 1892. Communiquée par M. Léopold Delisle le 3 mai suivant.

lecture, vous la refermerez s'il vous plaist avant que de l'envoyer avec l'inscription requise. Je discours souvent avec celuy qui poursuit ses despesches au Conseil pour avoir licence de joindre la mer Oceane à la Mediterranée sans qu'il en couste rien au roy ni au peuple (1). J'attends aussi vostre jugement de mon livre du mouvement que vous avez maintenant receu ; je suis certain que les calculs seront approuvés mesme du s' Galilée si jamais il les void ; et si vous apercevez aucune chose qui vous deplaise, vostre volonté sera suivie en cela comme en autres choses. J'attends la response de M. Gassend pour l'envoyer à Angers (2) avec la question et solution que je vous ay envoyée pour la montrer à d'autres, affin de respondre à une question dont le proposant me fait plus esperer de lumière pour les sciences que tout ce que nous avons sceu jusques à present, comme vous verrez par son imprimé. Je vous envoye l'affiche que mon imprimeur a faite du livre et quant et quant mon cœur qui brusle d'affection pour vous servir, si j'en estois capable, et si je ne peux autre chose je prie Dieu de vous maintenir aussi longtemps en bonne santé que je le desire.

Vostre très humble serviteur,

F. M. Mersenne, M.

De Paris ce 12 octobre 1635.

Vous pourrez, s'il vous plaist, escrire à M. Doni qu'il ne se haste point de parler de mon obedience au R. pere general parceque le temps est mauvais et qu'il suffira en temps de

---

(1) Jean Lemaire que nous allons retrouver un peu plus loin.

(2) Quel était donc le mathématicien qui vivait alors à Angers, et avec lequel Mersenne avait de confraternelles relations ?

paix et quand je luy en auray escrit plus particulièrement.
J'ay fait un compendium latin de la musique françoise pour
les estrangers, lequel j'essayrai de vous envoyer par la 1re
commodité si toutes fois vous le desirez voir ; après le
françois bien plus ample, plus correct et plus digne de vous,
si je ne me trompe ; je vous envoye aussy les tiltres affin que
vous soyez le premier videns et sciens (1).

XXII

(Même adresse.)

Monsieur,

Je vous envoye à ce voyage le compendium latin dont je
vous parlois en ma dernière lettre ; les livres des Instruments vous sont dediez comme vous verrez ; ce n'est pas
que je les juge dignes de vous, puisque je n'estime pas
qu'un autre present soit digne de vostre vertu que la gloire
eternelle que Dieu vous prepare, mais c'est pour tesmoigner
mon affection et mon devoir ; si j'eusse eu affaire à un
libraire un peu plus accommodé j'eusse peu grossir ces
livres de moitié, mais n'ayant pas eu moyen de faire de plus
grands trais, il m'a fallu raccourcir mes escrits à ses facultez :
le françois suppleera, si j'en peux venir à bout ; je vous
envoye *les 2 cayers derniers de l'orgue*, en attendant de vous
envoyer *le 7 livre des cloches* et autres instruments de per-
cussion, lequel je ne sçay quant on commencera à l'imprimer.
Quoy qu'il en soit, vous avez assez de quoy vous exercer
dans l'harmonie en attendant le reste ; si vous lisez *la 44e*

(1) Bibl. nat. f. fr., vol. 9543, fº 30. Autographe.

proposition de l'orgue, vous en verrez une entière description ; vous sçaurez par la 37ᵉ comme il les faut visiter et par la 36ᵉ comme il les faut faire pour leur faire prononcer toutes les voyelles ; je parle par experience : ce qui n'avoit jamais esté trouvé.

Je vous envoye encore le livre de la voix et des chants, mais ce n'est pas tout : je desire que vous les parcouriez affin de m'en dire vostre jugement, affin que s'il y a quelque chose qui vous choque, je le puisse amander dans une Preface devant les Errata ; et je m'estonne que vous ayant envoyé *les 2 livres du son, et des mouvements où j'examine si particulièrement et si peniblement les observations du* sʳ *Gallilée*, vous ne m'en escriviez pas un seul mot, puisque je m'estois souzmis à y changer ce que vous jugeriez à propos. Je suis certain qu'il n'y est nullement offensé, et que voyant ma diligence aux observations il la louëra, si *(sic)* procède candidement. Vous demandez l'autre livre à sçavoir *le 3ᵉ des mouvements* ; il n'y a plus rien touchant Galilée, et il n'y est parlé que du mouvement des chordes de leton et de boyau qui font l'harmonie des instruments et de plus il n'y a encore qu'un seul cayer d'imprimé ; je vous l'envoyeray si tots qu'il sera achevé comme j'ay fait les autres : et maintenant vous aurez entièrement tout ce qui est imprimé ; et ce que l'imprimeur va commencer à debiter pour avoir l'argent necessaire à achever ce qui reste.

Je viens maintenant à vos puits, dont la profondeur ne nous peut servir, si du moins elle n'est de 130, ou 150 ou 200 pieds. Je crains bien qu'il ne se rencontrera point de reservoirs d'eau de 20 pieds, non pas seulement de 12 : j'en avois fait faire un de cuir de 13 pieds pour une pistole, dont le diamètre estoit prez de deux pouces de roy, mais voulant experimenter la cheute d'une boule de pur or, que me fist un orfèvre, il est arrivé que le cuir s'est trouvé pourri, pour l'avoir mis dans un lieu frais de peur qu'il s'endurcit et se restreint trop, et ainsi j'ay perdu l'occasion de conferer la

descente de l'or avec celle du plomb. Je viens maintenant à
M. Le Maire, qui ne se nomme point autrement, car c'est son
nom, il est champenois de nation et naissance ; et de nourri-
ture et demeure, de Thoulouze. Il vient maintenant de me
visiter ; il est demeuré tout ardent de vous voir lorsque je
luy ay dépeint une partie de vos vertus, jusques là qu'en
s'en retornant je luy ay fait promettre de vous aller voir ; il
a veu une petite branche de cerisier qui se mouvoit et avoit
vie sensitive : il ne tient qu'à une couple de pistoles qu'il ne
fait graver son invention pour le Luth, mais il ne veut pas
depenser son argent à cela qu'il reserve pour poursuivre
ses affaires pour joindre les mers par le moyen de la
rivière d'Aude et de Garonne : il est né de Chaumont
en Bassigny, il y a 55 ans (1), et [est assisté] du

(1) L'auteur quasi anonyme déjà cité de l'article *Le Maire* dans la
Nouvelle Biographie générale, n'indique ni le prénom du personnage, ni l'époque et le lieu de sa naissance. Il se contente de dire :
« inventeur français né vers la fin du XVI⁰ siècle ». On saura désormais,
grâce aux lettres de Mersenne, que Jean Le Maire naquit en 1581 à
Chaumont (Haute-Marne). Un excellent érudit, M. Henri Jadart, secrétaire-
général de l'académie de Reims, a eu l'extrême obligeance de faire faire,
à ma prière, des recherches dans les archives de l'ancienne capitale du
Bassigny. Malheureusement les registres de baptèmes et de sépultures du
XVI⁰ siècle n'ont pas été conservés et les archives de Chaumont n'ont rien
gardé des autres papiers qui auraient pu nous apprendre quelque chose
sur un homme dont le génie fut si inventif, comme on l'a vu dans les
enthousiastes récits de Mersenne, comme on le voit encore dans l'article
de la *Nouvelle Biographie générale* dont je vais reproduire les principaux
passages : « On n'a point de renseignements sur ce personnage, qui avait
le titre, probablement honoraire [remplaçons *probablement* par *certainement*] de gentilhomme de la chambre du roi Louis XIII. On sait seulement
que des lettres patentes du 27 août 1644, confirmation d'un brevet délivré
l'année précédente. lui accordaient le droit de publier et d'imprimer ses
secrets et inventions en même temps que de construire plusieurs machines
et instruments avec privilège. Le sieur Le Maire y est dit avoir acquis une
longue et curieuse connaissance, non seulement des sciences qui servent
de secours et d'ornement à la vie civile, mais aussi des langues qui entre-
tiennent le commerce public des princes et des états, et qu'il en a fait
connaitre les résultats par de grands et judicieux mémoires. Il prétendait
avoir des recettes infaillibles pour accélérer l'éducation de l'esprit humain ;
mais soit qu'il n'ait point trouvé d'encouragement chez ses contemporains,

Père Joseph (1) et de M. de Cornude (2) pour son afaire.

Il est si plein d'inventions qu'il est difficile d'en rencontrer un semblable, mais il ne les veut nullement descouvrir. S'il eust loisir, nous eussions veu ce qu'il sçait sur le Luth et nous eussions gravé son invention en cuivre. Avant que d'achever la presente il faut que je vous confesse que je ne puis m'imaginer que vous ne soyez mary de ce que j'ay dit contre les positions du sr Galilée, mais considerez que nous sommes hommes comme luy, et que parlant aprez luy du mesme sujet qu'il a entamé et que nous avons peut estre mieux speculé, que ce nous seroit quelque deshonneur d'avoir celé ce qui ne respond pas à la verité, puisque nous faisons profession de sapper l'erreur où nous la trouvons sans prejudice d'aucun. Il n'a point d'autre but que de la chercher comme je croy et de l'embrasser en la trouvant. Neantmoins dechargez hardiment vostre cœur et commandez tout ce que vous voudrez, mais aprez avoir leu ce dont il est question, car je voy bien par vos lettres que vous n'avez pas leu mon livre des mouvemens, autrement vous ne chercheriez pas mes conceptions ailleurs puisqu'il y en a d'assez particulières, et neantmoins qui sont approuvées de bons esprits de pardeça, et qui sans faire tort à Galilée, ne luy en

soit qu'il ait renoncé à les mettre en pratique, le secret a été perdu avec lui. Ses découvertes sont du genre le plus opposé ; en voici quelques-unes : *Méthode universelle pour traduire les langues ; l'Art de mémoire pour se souvenir de plusieurs choses ; Méthode nouvelle pour apprendre en fort peu de temps la musique, tant pour la spéculation que pour la pratique ; Nouvelle méthode d'imprimer ; Machine pour élever les eaux ; Manière de faire le fer noir et le fer blanc en feuilles et de le vernir de toutes couleurs ; Machine à bâtir en moëllons et en bois toute sorte d'édifices*, etc.» Ces indications proviennent d'un « Extrait communiqué des archives du château de la Grange ».

(1) Ce fut sans doute la mort d'un aussi puissant protecteur (18 décembre 1638) qui empêcha Le Maire de réaliser ses beaux projets.

(2) Nom sans doute mal lu, car je ne trouve aucun personnage notable qui l'ait porté sous le règne de Louis XIII. Peut-être faut-il lire *Cornuel*. En ce cas il s'agirait de Guillaume Cornuel, trésorier des parties casuelles, l'heureux époux d'une des femmes les plus spirituelles du XVIIe siècle.

cèdent rien. Ce qui soit dit sans prejudicier à l'obeissance de vos commandemens futurs touchant la suppression, amendement, ou changement de ce livre, et que quelqu'autre que ce soit. J'avois desjà fait relier 2 livres l'un pour M. Gassen (*sic*) et l'autre pour vous, mais ayant parlé à M. du Puys, de la manière de vous les faire tenir, et ayant les cayers françois de mesme grandeur à y joindre, j'ay creu que le paquet s'en porteroit mieux en blanc ; ce que vous verrez la première feuille refaite de la partie dediée à M. de Monmor est qu'on avoit mis son nom, c'est pourquoy il a desiré qu'elle fust refaite. Je mets icy un petit mot de lettre à M. Gassend, et par ce que vous n'estes vous deux qu'un mesme cœur et que j'y mets des choses que vous serez bien ayse de sçavoir et de voir à l'ouverture, je la joints avec la vostre dans la page qui suit, et demeure de plus en plus,

Vostre très affectionné serviteur,

F.-M. MERSENNE, Minime.

17 novembre [1636].

J'ay prié messieurs du Puy en presence de M. vostre frère et cousin qu'ils vous feissent tenir le paquet bien seurement et promptement. Je m'en vais chercher les commoditez d'en faire tenir 2 en Italie l'un pour monsr le cardinal Barberin, et l'autre pour M. Doni avec les mesmes epistres, et en tout semblables aux 2 que vous recevrez s'il plaist à Dieu bien tost, dont je seray bien ayse d'estre averti.

J'oubliois à vous dire que la reclame du mot *Liber* dans la fin du latin monstre une pierre d'attente pour un autre livre qui devroit suivre si le libraire eust eu le moyen de poursuivre davantage ; peut estre qu'avec le temps je luy feray ajouster.

[En marge du folio 32] : Tout le françois que vous avez est

destiné pour M. Gassend lorsque je vous en envoyeray un tout entier (1).

XXIII

A Monsieur de Peiresc.

Monsieur, c'est par la grace de Dieu à cette fois que je vous envoye et presente mon Livre tout entier, après en estre venu à bout avec des fatigues incroyables, avec lequel je vous envoye le reste de celuy que vous avés receu par pièces et morceaux qui sera, s'il vous plaît, pour M. Gassend. Je vous en envoye encore un en blanc, de papier commun, lequel vous donerez à qui il vous plaira, soit à nostre couvent d'Aix, qu'on m'a dit estre beau (2) et fourni d'honnestes gens, ou là où vous voudrés. Je vous envoye un billet dont M. Hardy m'a prié (3) ; il est honneste homme et sçavant, et merite d'estre obligé. Aussitost que vous me signifierés le moindre mot pour vous renvoyer vostre manuscrit de la Musique d'Holande et latine, je vous l'envoyeray.

Je ne sçay si vous n'avés point un livre de Raymond Lulle, qui s'intitule *Scala intellectus*, imprimé à Valence en Lettres Gothiques, le *Picatrix de Magia*, et le *Liber trium*

(1) Bibl. nat., fonds français, vol. 9543, f⁰ 31. Autographe.

(2) Constatons une fois de plus que Mersenne, quoi qu'on en ait dit, n'était pas encore allé dans le Midi avant le printemps de 1637.

(3) Voici ce billet : « Le P. Marin est supplié d'escrire à la première occasion à M. de Peiresc, et le prier d'employer son authorité auprès de M. André Arnaud, Lieutenant du seneschal à Forcalquier en Provence, pour avoir copie d'un petit Livre Manuscrit non imprimé qni est en sa Bibliothèque, et y a esté mis par un nommé Godefroy Wendelin, autrefois son domestique [C'est-à-dire attaché à la maison. Wendelin fut le précepteur des enfants d'André Arnaud. Sur le précepteur comme sur la famille Arnaud, voir la très intéressante brochure de M. L. de Berluc-Perussis : *Wendelin en Provence*, Digne, 1890, en attendant la magistrale monographie que prépare M. Le Paige], intitulé *Eben Mezuphi observatio,* ainsi que le mesme Wendelin l'a escrit en un Livre qu'il a fait imprimer, intitulé *Loxias* ».

impostorum (1). Si je le sçavois je vous prierois que je peusse voir le premier ; pour les autres je vous en parleray. Pour Cardan (2), je desirerois bien voir son livre *De Arcanis æternitatis*. Quelqu'un a touts ses Manuscrits à Rome, dont on m'a donné le catalogue (3). Je voudrois qu'on peut en inspecter la transcription de quelqu'un ; neantmoins il me semble que *De Arcanis* ne s'y trouve point.

Il y a aussi un Manuscrit Arabe qui est *Cribrum Religionum* où il parle de la Chrestienne, Juifve, Mahometane. Je ne sçay si vous l'avés.

Je ne sçache icy autre nouvelle que de nos misères, dont je crois que vous vous ressentés aussi. Je prie Dieu qu'il nous donne une bonne paix.

J'ay mis les livres susdits entre les mains de monsieur vostre frère. C'est pourquoy je ne doute pas qu'ils ne vous viennent fort bien conditionnés. Je supplie la bonté divine qu'il me fasse la grace de vous aller offrir leur autheur lorsqu'il nous donnera la paix (4) affin de vous prester encore plus particulièrement mes très humbles services, et de vous asseurer de bouche ce que je fais d'escrit, que je suis et seray toute ma vie, monsieur, vostre, etc.

F.-M. Mersenne, Minime.

De Paris, ce 15 mars 1637 (5)

(1) Le plus considérable et le meilleur travail qui, en ces derniers temps ait été consacré au polygraphe espagnol, est la notice de M. Hauréau dans l'*Histoire littéraire de la France*, t. XXIX, 1885, p. I-386. Le savant critique s'est occupé là, comme il le dit p. 368, de 313 ouvrages de Raimond Lulle.

(2) Sur Jérôme Cardan, voir plusieurs passages du fascicule XIII des *Correspondants de Peiresc (Gabriel Naudé)* et notamment p. 14.

(3) La plupart des manuscrits dont parle ici Mersenne ont été imprimés dans la grande édition des œuvres de Cardan donnée à Lyon par son confrère le docteur Jacques Spon (1663, 10 vol. in-f°).

(4) Peiresc allait mourir trois mois plus tard et Mersenne n'eût pas le temps de lui faire la visite si souvent promise.

(5) Bibliothèque Méjanes, Aix-en-Provence. Collection Peiresc, registre VII, f° 169. Copie.

XXIV

*A Monsieur Monsieur de Peiresc abbé de Guistres et
conseiller en la grande chambre du Parlement
de Provence.*

Monsieur, je ne doubte nullement que les livres du volume
que je vous envoye ne vous soient agreables puisque vous
leur avez donné l'estre en les tirant de la poussière pour
leur faire voir le jour, dont ilz n'eussent pas jouy sans une
main assez bonne et assez puissante pour les tirer de
l'obscurité comme vous avez faict, de sorte que ceux qui les
liront, vous en seront quasi autant redevables qu'à leur
autheur s'ilz y rencontrent quelque satisfaction. Ce ne sont
pas les premières faveurs que le public et particulièrement
ceux qui cherissent les Muses ont receu de vostre heureuse
bonté, dont vous avez tellement chargé toute l'Europe qu'il
est difficile de rencontrer une compagnie d'honnestes gens
qui ne le tesmoigne à haulte voix, et qui ne confesse que les
bonnes lettres, et ceux qui les cultivent vous doibvent plus
qu'à tout le reste des hommes qui vivent maintenant. Car
vous ne vous contentez pas de leur fournir les rares manuscripts et autres reliques de la venerable antiquité qui se
peuvent rencontrer dans l'Europe pour leur ayder à conduire
leurs ouvraiges à perfection, mais vous prenez la peine de
faire la recherche de tout ce qui est de plus curieux au
Levant pour ce mesme subject sans en pretendre autre chose
que d'ayder de tout vostre pouvoir à faire valoir le talent
d'un chascun et à faire paroistre la portée et l'estendue de
l'esprit humain. D'où je ne veux pas conclure l'obligation
que nous vous en avons tous, parce que la conclusion en est
si evidente que je ferois tort à ceux qui font estat de raisonner
si j'entreprenois de la desduire (1). J'adjouste seulement que

(1) On a rarement aussi bien décrit et aussi bien loué le beau rôle joué
par Peiresc.

nous pourrions esperer de nouveaux secours, si le chemin
de la Chine vous estoit assez ouvert pour y trouver des
adresses, et pour faire venir leur chronologie, la manière
dont ils cultivent les sciences et tous les artz tant mechaniques que liberaux, qui nous feroient voir leurs idées et la
capacité de leurs espritz, et j'aurois pourtant un ample
subject pour enrichir l'ouvraige que je vous presente de
plusieurs nouvelles considerations et de la description de
tous les instrumenz des Chinois et des autres peuples du
Levant, comme je desire faire une autreffois, si les relations
que l'on vous envoye de tous les costez du monde n'y peuvent fournir assez de secours en y adjoustant ce que nostre
siècle pourra descouvrir de l'ancienne musique des Grecs à
laquelle on attribue des formes et des effectz qui ne peuvent
sortir de la nostre.

Je me suis imaginé une sorte d'escripture et un certain
idiome universel qui vous pourroit servir à cet effect, en
dressant un alphabet qui contient tous les idiomes possibles,
et toutes les dictions qui peuvent servir à exprimer chasque
choses en telle langue qu'on vouldra. Il a ceste proprieté
que sa seule lecture peut tellement enseigner la philosophie
accomodée à son ordre, qu'on ne peut l'oublier ou si on
l'oublie qu'on peult la restablir sans l'ayde d'aulcun : mais
parce qu'il suppose l'instruction d'un quart d'heure pour en
expliquer l'usage à ceux qui n'entendent pas nostre manière
d'escripre et de parler, je vous diray seulement que vostre
nom est la 15,777,318,656 diction de cet alphabeth lequel
comprend plus de millions de vocables qu'il n'y a de grains
de sable dans toute la terre quoy qu'il soit si aysé à apprendre
et à retenir, que l'on n'a besoing d'aulcune memoire pourveu
que l'on ayt un peu de jugement. Or vous ne croyez pas que
le discours dont je vous entretiens soit hors de propos si
vous lisez la 13ᵃ, 14ᵉ et 15ᵉ proposition du Livre des Chants,
dans lesquelles j'explique les particularitez de ceste escripture
universelle, joint que je donne le meilleur idiome de tous

les possibles et tous çeux qui peuvent estre inventez dans la
47e et 48e du livre de la voix (1), et que vostre trez excellent
esprit peut tirer plusieurs beaux secretz de cez propositions
de sorte que j'ose esperer qu'elles vous donneront quelque
lumière pour inventer la manière de communiquer avec
tous les peuples du nouveau monde qui nous peuvent ayder
de leurs observations.

Quoyqu'il en soit je seray assez satisfaict si les difficultez
que je propose dans tout cet œuvre, et que je resould selon
mes forces vous aggreent et si vous jugez qu'elles puissent
servir à ceux qui ayment les sciences et qui ne haïssent pas
l'harmonie. Recevez-le donc, monsieur, comme une chose
qui vous appartient et neantmoins ne pardonnez pas à ses
deffaultz qui ne peuvent estre cachez à des yeux si clair-
voyanz que les vostres affin qu'on les corrige dans une autre
edition, s'il la merite, et que ce que vous y remarquerez de
trop long et de trop ample ou de trop court puisse estre
retranché ou adjousté et que je le vous renvoye dans un
estat plus parfect comme l'on vous en sçaura d'aultant
plus de gré que les matières y seront traictées plus exactement et plus judicieusement. C'est ce que j'attendz de vostre
bonté tandis que je supplie le grand maistre de l'harmonie
universelle de vous conserver en bonne santé et que je suis,
Monsieur, vostre, etc. (2).

---

(1) L'œuvre de Mersenne n'est-elle pas encyclopédique et n'a-t-on pas le
droit de dire que la prodigieuse activité de son esprit a tout embrassé,
sinon tout étreint ?

(2) Bibliothèque d'Inguimbert, à Carpentras. Registre des minutes nº IV,
fº 676. Copie. Ce document n'a pas de date, aussi l'ai-je placé à la suite de
tous les documents datés. Le hasard a voulu ainsi que la correspondance
inédite de Mersenne avec Peiresc fut couronnée par un remerciement bien
touchant adressé au nom de tous les savants à leur admirable protecteur,
et, puisqu'il s'agit d'un musicien tel que l'auteur de l'*Harmonie universelle*, par un solennel *hymne* de reconnaissance à la fois général et particulier.

APPENDICE

On trouvera dans cet appendice :

1° Une lettre du P. Mersenne à Peiresc, du 25 août 1635, déjà imprimée, mais dans un recueil publié à l'étranger et qui n'a pas été mis dans le commerce de la librairie, ce qui le rend tellement peu accessible, que le document, dont je dois communication à la prévenante amitié de M. Léopold Delisle, peut jusqu'à un certain point être considéré comme inconnu ;

2° Une lettre du P. Mersenne écrite à Gassendi avant le commencement des relations du Minime avec Peiresc, le 5 janvier 1633 ;

3° Une autre lettre de Mersenne au même philosophe, du 17 novembre 1635, où il est parlé en termes touchants de la tendre amitié qui liait l'un à l'autre Peiresc et Gassendi, lesquels, selon la forte expression des Livres Saints rappelée par le Religieux, ne formaient qu'un cœur et qu'une âme.

4° Une lettre du R. P. de Rochemonteix, au sujet de Mersenne à La Flèche.

I

25 août 1635.

Je me suis enfin resolu de vous envoyer ce qui est accomply de l'impression, affin de vous tesmoigner le grand ressentiment que j'ay de votre liberalité, et de recevoir de vous les bons advis qui pourront m'ayder à achever le reste ;

vous estes l'unique qui avez loisir de considerer mes imperfections pour y mettre remède avant que de passer outre. Je suis encore entre la crainte et l'esperance si j'ajouteray un 5. livre à ce que je vous dedie, parceque je dependray encore plus du sieur Ballard que jamais pour les exemples qui y sont necessaires. Ce qui me console est que je ne doute pas que vous ne preniez de bonne part tout ce qui vient de vostre très humble serviteur, particulièrement si vous pesez son affestion qui feroit paroistre de plus grands effets de reconnoissance si elle en estoit capable. Mes imprimeurs de tailles douces ont fait une faute en imprimant une planche pour une autre à la 155e page, mais parce qu'elle a une grande sympathie avec celle qui y doit estre, je n'ay pas voulu coller dessus celle qui y doit estre, affin que vous puissiez avoir les deux, dont l'imposée se voit en son propre lieu dans le livre des orgues. J'attendray tous vos advertissements tandis que je poursuis, affin d'en user pour medecine à ce qui pourra estre conté de moins bien dans ce que je vous envoye, et d'en avertir en quelque lyeu le lecteur. Et vous ne ferez point, s'il vous plaist, relier aucune choses que vous n'ayez tout, autrement je vous eusse envoyé relié s'il eust esté en estat. Et peut estre que le libraire ou imprimeur en fera mettre quelques copies en vente des 4 livres des consonances, dissonances etc., pour pouvoir poursuivre le reste.

J'ay donné vostre lettre à M. Mydorge, lequel m'estant venu voir aujourd'hui, ce 16 jour saint Roch, feste à Paris, m'a donné quelque tesmoignage qu'il seroit bien ayse d'avoir toutes vos experiences des yeux. Nous avons parlé du gros poisson ; mais un chevalier de Malthe, grand ami de M. Aubry, s'y estant trouvé, nous a dit que ce pourroit estre un poisson deux fois plus gros que le ton, qu'il a nommé, et je conjecturois avec M. Mydorge que ce seroit une baleine qui a passé le destroit de Gibraltar ; car qui hors d'elle pourroit avoir un fois capable de donner 14 quintaux d'huile, c'est-à-dire, comme nous prenons vos termes, 14 cent livres, et si la livre est de 16 onces, nous ne le sçavons pas. Vous ne pouviez mieux vous addresser à personne qui sceust mieux ce que c'est que de l'œil, de la vision des espaces et de la lumière que luy. Et pleust à Dieu que vous puissiez tellement le presser et le combler qu'il pust nous donner ce qu'il sçait sur ce sujet, car je ne crains pas de l'accuser de paresse qui est assez coustumière aux grands esprits.

Depuis peu de jours un gentilhomme qui a esté 10 ans en Pologne m'a assuré que le Roy a 300 musiciens à gage, dont chacun a du moins 600 livres et bouche à cour, et le maistre 4,000 escus, si bien m'en souviens, et qu'ils firent (*sic* dans l'édition) cent à cent par trimestre, ce qui est fort eloigné du petit nombre des Votres (*sic*). Si vous sçavez la verité de cela, je seray bien ayse de la sçavoir, pour le remarquer en parlant des concerts.

Si je ne sçavois que vous avez desjà les tables astronomiques Rudolphines et Parisiennes, je vous en entretiendrois, aussi bien que d'un excellent discours imprimé depuis peu par le s^r Marandé de l'astrologie et du mouvement de la terre, où il renverse tout ce que le s^r Morin a mis en avant ; voyant le grand nombre d'amis et de correspondans que vous avez, je serois honteux de vous en parler après eux.

Je ne scache icy maintenant rien de nouveau qui soit digne de vous, c'est pourquoy je conclus la presente par mon très humble service que je vous presente, estant tousjours

Vostre très humble serviteur :

F.-M. MERSENNE, Minime.

(Catalogue of the collection of autograph letters and historical documents formed between 1865 and 1882 by ALFRED MORRISON, *vol. IV, p. 238).*

Volume grand in-4° imprimé en 1890 « for private circula-
tion » (1).

II

*A Monsieur, Monsieur Gassend, theologal de Digne,
à Digne.*

Monsieur,

Vostre deuxiesme lettre escrite, la première m'a trouvé
dans une double occupation l'une estant fondée sur les
nouvelles chartes et lettres moulées par le s^r de La Leu et
l'autre sur un livre de l'enfant qui parle icy sans langue. Si
vous apprenez quelque chose de particulier de ceste matière
et des muetz parlantz en escripvantz vous m'en ferez part..
Vous m'avez promis un petit crayon des cymbales usitées en
Provence. Je n'attendz plus que cela avec les instructions de
l'Orient, car je peux maintenant dire que nous chanterons in
omni genere musicorum instrumentorum. Je vous remercie
de la faveur que vous m'avez faicte auprez de M. de Peiresc.
S'il en reussit quelque response favorable, j'augmenteray
mes actions de graces (2). Je suis aprez quelques experiences
que celluy qui sçait tout (3) nous a vantées pour vrayes.
J'estime qu'elles sont fausses et consequemment ses discours
fondez dessus. Je verray bientost Dieu aydant ce qui en est et

(1) L'éditeur n'a pas vu que le destinataire devait être Peiresc. (Note de
M. Léopold Delisle).

(2) Ce passage montre que cette lettre a été écrite avant que Mersenne
fut entré en relation directe avec Peiresc et que, par conséquent, elle est
antérieure au 1er mai 1633, date de la première des lettres adressées par
le savant minime au savant magistrat. Je crois pouvoir affirmer que la
présente lettre est du 5 janvier 1633.

(3) Dans cette ironique périphrase il faut reconnaître l'astrologue
Morin, sorte de charlatan auquel Mersenne décocha plus d'une piquante
épigramme.

vous en advertiray en temps et lieu. Si vous en faictes en aprez
quelqu'une faictes m'en part. J'ay baillé vostre première
receue au P. de la Noue qui est, ceste année, nostre superieur (1). Il vous en remerciera humblement. J'ay leu le livre
latin contre Galilée faict à Pise, mais vous l'aurez peut estre
desjà veu. Quant à Flud, j'ai sceu que vous l'aviez maintenant
receu, de sorte que j'en attendz vostre sentiment. Il vous
honore bien fort, sinon que vous demeurez tousjours talpa
cœcior (2) en son sens, mais sa clef ne nous sert, ce me semble,
guières et croys qu'il faudroit la clef de la clef (3). Tant y a qu'il
accorde tout ou bonne partie de ce que javois dict contre luy
dans l'Epistre, et que pour toute bonne response des marteaux
frappantz sur l'enclume il a son reffuge à *Margarita philo-
sophica* et à Boèce. C'est là bien parlé pour un homme qui
void si clair qu'il est plus que lumineux en comparaison des
autres. Le bon est qu'il a bien deviné que ce sont voz mains
que j'ai peintes dans la Genèse (4), ce qui vous confirmera
bien fort dans la belle verité de sa geomantie et chiro-
mantie et dans celle de l'astrologie. Aussy dict-il avoir veu
ce Lanovius qu'il dict estre le pedant attisonant avec la croix
des enfanz pendus à sa ceinture, et parce que je n'ay pas
voulu respondre, il jurera tousjours que ça esté par impuissance. Je feray voz recommandations aux [savants] et desjà

(1) François de la Noue avait, sous le pseudonyme de *Flaminius*, pris
parti, en 1628, pour son confrère Mersenne dans la querelle contre le
visionnaire Robert Fludd.

(2) Mersenne venge plus loin son ami et défenseur Gassendi de cette
injurieuse comparaison, en se moquant de ce Fludd « plus que *lumineux* ».

(3) Nouveau malicieux bon mot de Mersenne contre son antagoniste qui
avait riposté à l'*Epistolica exercitatio* de Gassendi (1630) par un écrit
intitulé : *Clavis philosophiæ Fluddanæ*.

(4) C'est-à-dire dans ses *Questions sur la Genèse*. A propos de la main,
rappelons que dans le centième des *Sonnets exotériques* de Gérard, Marie
Imbert, Bordeaux, 1872, (p. 67), sont cités sur cet instrument des
Instruments, les philosophes Anaxagore et Aristote. Le premier de ces
philosophes attribuait, selon Plutarque, notre intelligence à la conforma-
tion de nos mains.

Mrs de Reffuge et Mydorge ont veu toutes les observations que vous avez envoyées. Ilz n'en ont point faict que celle que je vous envoye de la main de M. de Reffuge. On s'ennuye desjà icy bien fort de ce que vous estes si longtemps sans revenir (1). Je sçais bien que ce ne peut estre assez tost pour mon desir. Quoyque c'en soit, je vous donne le bonjour et le bon an et suis tousjours vostre très affectionné serviteur.

F.-M. MERSENNE.

De Paris.

Ce jour de la veille des Roys que j'ay receu la vostre.

Si M. de Dignes est au pays, je luy presente mes humbles recommandations. Je m'estonne que vous ne me mandez point s'il est allé en Italie. J'ay esté bien resjouy des louanges et panegyriques que Sikard a mis dans sa response à vostre Mercure (2) pour vous immortalizer, quoyque je sçay que vous aspirez à une autre immortalité (3)

III

Lettre de Mersenne à Gassendi.

Monsieur, vous recevrez, s'il vous plaist, ce petit present de vostre ancien amy affin de vous delasser un peu de vos

---

(1) Gassendi avait quitté Paris depuis le mois d'octobre 1632. Les amis du philosophe se montraient bien impatients de le revoir, puisque le *si long temps* dont ils se plaignaient se réduisait à quelques semaines.

(2) Comme j'ai déjà, en ce fascicule, plusieurs centaines de notes sur la conscience, je ne dirai rien du *Mercurius in Sole visus* de Gassendi (1631), ni de la réponse de W. Schickard (Tubingue, 1632), me contentant de renvoyer aux *Documents inédits*, (1877) sur le philosophe-astronome, auquel Mersenne adresse un si charmant *mot de la fin*.

(3) Inguimbertine de Carpentras, collection Peiresc, registre XLI, 2e partie, f° 76.

autres affaires : et parceque vous sçavez combien je prends de plaisir à la recherche de la verité, je vous prie que si vous prenez la peine de le lire, vous remarquiez comme pour vous les fautes ou mescontes qui y pourroient estre coulez : car je feray gloire de les corriger suivant vostre jugement que je préfère autant ou plus que nul autre. Il y a plusieurs fautes aux lettres de certaines figures, mais vostre bon esprit suppleera à tout. Vous y verrez une bonne partie des experiences auxquelles vous m'avez fait la faveur d'ayder plusieurs fois. Auxquelles j'en ajouste maintenant quelques unes que j'ay faites en 15 jours que j'ay esté aux champs, dont l'une est que nous avons experimenté que la balle d'une arquebuse fait 100 toises, qui font sa portée de point en blanc dans l'espace d'une seconde minute dont allant de mesme vitesse elle feroit le tour de la terre en 30 heures, de plus que le bruit du pistolet tirant de 100 pas loin chacun de 3 pieds s'entend seulement 3 secondes aprez. 3° que toute sorte d'echo repète 7 syllabes prononcées dans une seconde, dans le temps d'une autre [seconde] de l'espace de 483 pieds, et cela très justement et en tous lieux terrestres, aquatiques, etc. 4° ayant tiré avec des arquebuses et fauconneaux liez à des pieux perpendiculaires ayant mis à 30, ou 40 pas de là plusieurs hommes au guet pour voir où les balles de plomb retomberoient, jamais on n'a peu appercevoir la cheute d'aucune quoy que nous tirassions sur l'eau des fossez très larges d'un chasteau. Il faut necessairement que le vent de la moyenne region les emportent bien loin, ou qu'elles se fondent ou demeurent en l'air ; je croy bien plustost le 1er ; et si le dernier arrivoit, il me semble que j'en donnerois bien quelque raison. 5° ayant trouvé une maison de feuillans le maistre en theologie fait des mouches de toutes façons, blanches, bleues, rouges, vertes etc. tant en hyver qu'en esté fort aysement, et l'un d'eux fait des vaux de chair avec du froment et du vin, auxquels il ne reste qu'à donner l'ame. Si vous sçavez quelque chose de bien exact de tout cela, vous m'en avertirez ; je n'ay rien veu de vos observations de Paris ; un ou deux ans en ça le bon Hortense (1) se plaint bien fort de vous que vous ne luy rescrivez point, attendu tant de lettres qu'il vous a escrites. Voyla, Monsieur, nos petits exercices. Je ne repète point mille petites gentillesses que j'ay escrites par plusieurs fois à M. de Peiresc, parceque je sçay qu'il ne vous cele rien, et que vous estes cor unum et anima una, comme devroient estre tous les chrestiens pour n'avoir jamais de guerre, qui met l'epouvante dans toutes les frontières à cause des Croates, mesmes jusques à 14 lieues d'icy, d'où je viens (2).

Joignez vos prières aux nostres et crions tous au roy de paix : *da pacem, domine, in diebus nostris*, laquelle esperant et attendant je suis tousjours

Vostre bien affectionné amy.

F.-M. Mersenne, Minime.

Ce **17** novembre 1636.

Tournez.

J'oubliois qu'il (3) ramifie et *resuscite les mouches mortes* en telle façon que vous voudrez, par exemple celles qui sont prises de 8 ou 10 jours dans les araignées (4) et toutes seiches ; si vous desirez sçavoir comment, je le prieray de me le mander. M^r Le Maire m'a aujourd'hui asseuré que les coups de canon s'entendoient beaucoup plus aysement à vent

(1) Singulière féminisation du nom du mathématicien Hortensius.

(2) Les impériaux avaient enva hi la Picardie le 3 juillet ; ils avaient pris La Capelle le 9, Le Catelet le 25 et Corbie le 15 août, ce qui jeta dans les environs de Paris et dans Paris même une extrême terreur.

(3) Il s'agit là du même Feuillant, maître en théologie, dont il est question un peu plus haut. Mersenne, distrait comme un mathématicien, suit son idée précédente sans s'apercevoir de la solution de continuité.

(4) Nouvelle distraction. Le bon Père a oublié de mettre : *dans les toiles* (des araignées).

contraire du siège de Montauban (1) à Toulouze, qu'à vent
favorable, ce qui me semble estrange. Il a remarqué 2 hommes
dont l'un se laissoit pinser et tirer l'oreille et le nez tant fort
que l'on vouloit sans douleur, et l'autre frapper de toute
sorte de force sur les fesses sans aucune douleur, et un singe
qui menoit les pauvres de toutes parts chez son maistre, et
qui leur distribuoit l'aumosne (2).

IV

Une lettre du R.-P. de Rochemonteix, au sujet
de Mersenne à La Flèche.

Le savant historien du collège de La Flèche m'a fait
l'honneur de m'adresser une lettre contenant des explica-
tions et des rectifications qu'il est de mon devoir de reproduire.

Paris, 26 rue Lhomond.
30 août 1892.

Monsieur, je viens de lire la notice très intéressante sur
Marin Mersenne, que vous avez insérée dans la *Revue historique et archéologique du Maine*. Puisque vous avez bien
voulu me citer avec beaucoup de bienveillance dans les notes
de la page 14, j'ai pensé que vous recevriez peut-être avec
plaisir quelques renseignements et remarques qui pourront
vous être utiles pour le prochain article. Les voici en peu
de mots et sans préambule.

1º Vous faites observer, note 3, page 14, que je n'ai pas
dit *un seul mot* de Mersenne dans l'histoire du Collège
Henri IV de La Flèche. Cette observation n'est pas très

---

(1) Le siège de 1621 qui dura depuis le 17 août jusqu'au 2 novembre.
(2) Bibl. nat. fonds français, vol. 9543, fº 32. Autographe.

exacte : il en est question au tome IV, pp. 59, 60, 62 et 288. Il eût été vrai de dire que je n'en parle pas assez ; c'est par oubli de ma part qu'il n'a pas eu sa notice, comme d'autres élèves de La Flèche, à la p. 288 du t. IV.

A la note 5, vous écrivez que je ne dis rien du P. de la Tour. Je n'en dis rien, parcequ'il n'y a jamais eu dans ce collège de Père de ce nom au XVII⁰ siècle. J'ai la liste complète, année par année, liste copiée aux archives du Gesu, de tous les Pères qui ont habité Henri IV ; le P. de la Tour ne s'y trouve pas. Le P. Hilarion de Coste a confondu le P. de la Tour avec le P. Louis de la Salle (t. IV, p. 30, et t. I, p. 123).

2⁰ Marin Mersenne est venu au collège de La Flèche ses études en partie faites. Il a étudié la rhétorique sous le P. de la Salle. Il n'y avait alors qu'un cours de morale, le cours de théologie scholastique ayant été organisé à partir seulement du mois d'octobre 1607 ; ce qui explique probablement pourquoi Mersenne alla faire à Paris ses études théologiques. Pendant son séjour à Henri IV, il eut pour recteur le P. Jean Chastellier, et, pour préfet des études, le P. Christophe Brossard (t. I, p. 65).

Veuillez agréer, Monsieur, l'assurance de mon religieux respect.

C. DE ROCHEMONTEIX, S J.

MAMERS. — TYP. G. FLEURY ET A. DANGIN. —1894